Heckmair · Konstruktiv lernen

Konzept und Beratung der Reihe Beltz Weiterbildung:

Prof. Dr. *Karlheinz A. Geißler*, Schlechinger Weg 13, D-81669 München.
Prof. Dr. *Bernd Weidenmann*, Weidmoosweg 5, D-83626 Valley.

Bernd Heckmair

Konstruktiv lernen

Projekte und Szenarien für erlebnisintensive Seminare und Workshops

Beltz Verlag · Weinheim und Basel

Bernd Heckmair, Jg. 1953, Diplompädagoge, arbeitet als freiberuflicher Berater und Trainer. Er leitet Seminare für Führungskräfte und Teams, moderiert Workshops und Klausuren, berät bei Projekten der Organisations und Personalentwicklung von Unternehmen und Nonprofit-Organisationen.

Adresse:
Bernd Heckmair, Systemische Beratung und konstruktive Lernkonzepte, Westendstraße 95, D-80339 München. Tel. 089/54070880, Fax 089/5004061
E-Mail: mail@bernd-heckmair.de / www.bernd-heckmair.de

Gesetzt nach den neuen Rechtschreibregeln
Lektorat: Ingeborg Sachsenmeier

© 2000 Beltz Verlag · Weinheim und Basel
http://www.beltz.de
Herstellung: Ute Jöst Publikations-Service, Birkenau
Satz: Satz- und Reprotechnik GmbH, Hemsbach
Druck: Druckhaus Beltz, Hemsbach
Umschlaggestaltung: Bernhard Zerwann, Bad Dürkheim
Illustrationen: Bernd Heckmair, München
Printed in Germany

ISBN 3-407-36368-0

Inhaltsverzeichnis

Einleitung

Weder zeitgemäß-
seriös noch *trendy* ...

Konstruktives Lernen passt so gar nicht in den aktuellen Mainstream der Bildungslandschaft:

❖ Auf moderne Informationstechnologien wird fast ganz verzichtet. Flipcharts oder Schiefertafeln sind die wichtigsten Medien.
❖ Selbstlernen oder »distance learning« im engeren Sinne kommen nicht vor. Statt virtuell sind die Lernwelten gegenständlich.
❖ *Konstruktives Lernen* ist weder schnell noch besonders kostengünstig, findet auch nicht am Arbeitsplatz (»on-the-job«), sondern abseits davon (»off-the-job«) statt.

Low Tech statt
High Tech

Trotz allem – oder gerade deshalb – ist diese an sich alte Lernmethode mit dem neuen Namen dabei, das traditionelle Instrumentarium in der Organisations- und Personalentwicklung vieler großer Unternehmen zu verändern. Ein neues, erlebnisintensives Lernen mit Low Tech statt High Tech, mit Körperkontakt und Bewegung statt cooler Laptop-Ästhetik hat sich als Gegentrend etablieren können.

Es ist deshalb so erfolgreich, weil es nicht nur auf Kognition oder Emotion zielt, sondern den ganzen Menschen aktiviert, weil es »unter die Haut geht« und deshalb nachhaltiger wirkt.

Menschen und
Dinge in Bewegung
bringen

Doch wovon ist hier die Rede? Es geht um Lernen, das alle Sinne einbezieht, das unmittelbar und direkt konkrete Erfahrungen vermittelt, das anrührt, Menschen und Dinge in Bewegung bringt.

Vielleicht denken Sie jetzt spontan an ein Outdoor-Training, das Sie selbst mitgemacht haben oder von dem Ihnen erzählt wurde. Nein, das ist es nicht, obwohl eine Verwandtschaft zum hier vorgestellten *Konstruktiven Lernen* besteht.

Anders als beim Outdoor-Training, das meist mit aufwendigen und spektakulären Aktionen wie Klettern, Abseilen oder Rafting verbunden ist, kommen beim *Konstruktiven Lernen* »schlanke«, leicht realisierbare Teamaufgaben zum Zuge, die jede Trainerin und jeder Workshop-Moderator[1], einsetzen kann – ob im Tagungshotel, auf dem Büroflur oder der kleinen Wiese neben den Räumen der Volkshochschule. Wenn Ihnen, liebe Leserin und lieber Leser das für den Augenblick noch zu wenig konkret ist, dann blättern Sie bitte zu den Seiten 24 bis 98 und überfliegen Sie ein oder zwei *Lernprojekte*. So erhalten Sie einen ersten Eindruck von dem, was Sie erwartet.

Metatheorie Konstruktivismus

Doch zuerst zum Namen: Die hier vorgestellten *Lernprojekte* werden deshalb »konstruktiv« genannt, weil sie sich zum einen auf die Prinzipien des Konstruktivismus stützen. Die Metatheorie des Konstruktivismus unterstellt, dass es – stark verkürzt ausgedrückt – keine objektive Wirklichkeit gibt, sondern nur Konstruktionen »erzeugter Wirklichkeiten«, die sich die Menschen in ihren Köpfen zusammenbasteln. Zum anderen wird in den *Lernprojekten* etwas Gegenständliches hergestellt – also konstruiert – oder es werden körperliche Leistungen eingefordert. Weder die eine noch die andere Herleitung allein berechtigt zum ungewohnten, weil neuen Namen *Konstruktive Lernprojekte*. In der Verbindung von Makrodidaktik und Konkret-Gegenständlichem indes ergibt sich ein einerseits organischer und andererseits hinreichend beschreibender Begriff.

Konstruktive Lernprojekte

Natürlich wäre es unredlich, so zu tun, als wären »Konstruktive Lernprojekte« eine mehr oder weniger geniale Erfindung, die sich der Autor in langen Schreibtisch-Nächten und noch längeren Feldversuchen ausgedacht hat. Nein: Es gibt zahlreiche Spielfelder, Disziplinen und Zuschreibungen, die ähnliche oder vergleichbare Lernprojekte beinhalten. Ohne Anspruch auf Vollständigkeit seien an dieser Stelle aufgeführt:

- ❖ die »problem solving tasks« der amerikanischen »Experiential Education« (vgl. Gass 1995; Rumsey 1998; Priest/Rohnke 1999),
- ❖ die Erlebnispädagogik, die vor allem in der Sozialen Arbeit ihren Platz hat (vgl. Heckmair/Michl 1998; Kölsch/Wagner 1998),
- ❖ und die seit etwa Mitte der 90er-Jahre verstärkt in die Schulpädagogik einziehenden »Kooperativen Abenteuerspiele« (vgl. Kistner/Gilsdorf 1995).

---

1 Aus Gründen der leichteren Lesbarkeit benutze ich in der Regel die männliche Form.

Doch wie sehen diese Lernprojekte nun konkret aus?

Kontraste, Erfahrungen und Wandel

Ein Team oder auch mehrere Gruppen werden mit Aufgaben konfrontiert, die zwar wenig zu tun haben mit den Arbeitsinhalten des Unternehmens, der Organisation oder Behörde, bei der Sie beschäftigt sind, sehr wohl jedoch mit Strukturen, zeitlichen Abläufen und typischen Situationen. Ohne den Druck, das fachliche Können demonstrieren zu müssen, werden Mitarbeiter und Führungskräfte »hineingeworfen« in Aufgaben, die teils einfach erscheinen, indessen ziemlich anspruchsvoll sind oder erst als quasi unlösbar betrachtet werden und dann umso lockerer erfolgreich umgesetzt werden. Die räumliche und zum Teil auch gedankliche Entfernung zum Alltag im Betrieb ist dabei nicht die Schwäche, sondern die Stärke der Konzeption. Denn: Kontraste motivieren, wecken Impulse zur Veränderung. Wer das Tradierte verlässt und auf eine neue und damit inspirierende Lernumgebung trifft, der handelt auch anders, experimentiert, probiert Neues aus. Reinhard Sprenger sagte so schön, dass das einzige Wesen, das Wandel wirklich will, ein Baby mit nassen Windeln sei. Wenn wir uns leiten lassen von diesem Bild, dann müssen wir Trainer dafür sorgen, dass die Lernenden hautnah und direkt Erfahrungen machen können (nass werden ist dabei nur eine von vielen Möglichkeiten!) und dass Wandel am leichtesten in unbekanntem Terrain, im Neuland gelingt.

Zwischen Gruppendynamik und Projektmanagement

Ich hatte Mitte der 70er-Jahre als Student eine erste Begegnung mit einem Lernprojekt, das ich heute als »konstruktiv« bezeichnen würde: Meine Professorin für Psychologie lud zu einem Wochenendseminar mit der Überschrift »Selbsterfahrung« (an der damals kein Student der Sozialwissenschaften herumkam) ein und brachte dazu unter anderem einige Bögen Pappe, Klebstoff und eine Schere mit. Wir Studenten sollten unter Beobachtung einiger Kommilitonen und der besagten Professorin einen Turm bauen. Anschließend durften wir kundtun, wie es uns bei der Aktion ging, mussten uns die Berichte der Beobachter anhören und konnten schließlich ausgiebig darüber diskutieren, warum wir uns so verhielten, wie wir uns verhielten. Ich war damals, wenn ich mich recht erinnere, nicht besonders glücklich über das Wochenendseminar, hatte aber doch eine Vorahnung davon, dass in diesem vermeintlichen Kinderspielchen einiges an Potenzialen und Möglichkeiten steckt, was erst noch erschlossen werden wollte.

Und noch eine Geschichte, die deutlich machen soll, dass die hier vorgestellte Methode viele Menschen verunsichert und man infolgedessen als Anleiter mit entsprechenden Reaktionen konfrontiert wird. Vor kurzem engagierte mich ein Institut für Hochschuldidaktik als Referent für ein Seminar

»Ich bin nicht hier, um Spielchen zu machen!«

mit dem Thema »Projektmanagement«. Die Teilnehmer, überwiegend Professoren aus technischen Fächern, kamen von verschiedenen Fachhochschulen. Gleich nach der Begrüßung leerte ich eine Kiste mit Utensilien in die Mitte der Runde: Kiefernzapfen, einen alten Kompass, einen Wetzstein, ein Klappmesser, ein Fuchsfell samt präpariertem Kopf und einige andere Dinge, die mit dem Thema auf den ersten Blick nicht viel gemein hatten. Jeder sollte sich den Gegenstand nehmen, der ihn besonders anspricht und sich vorstellen. Alle ließen sich auf dieses Spiel ein, assoziierten mehr oder weniger »wild drauf los«, wobei einige gleich die Ernsthaftigkeit ihres Kommens betonten. Mit scharfem Blick auf mich, den Referenten brachte es dann einer der Hochschullehrer auf den Punkt: »Verstehen Sie mich nicht falsch, aber ich bin nicht hierher gekommen, um Spielchen zu machen!« Im Verlauf des Seminars wurde mir immer klarer, auf welchem Verständnis von Lernen dieser Spruch fußte: Ein Experte hat »vorn« zu stehen und den Zuhörern zu erklären, wie Projekte zu managen sind. Mit minutiös ausgearbeiteten Zielen, DV-gestützten Ablaufplänen, Organigrammen und und und …

Provozierend – denn was blieb mir anderes übrig – antwortete ich, dass ich vorhätte, in erster Linie Spielchen zu machen, weil es meines Erachtens darauf ankäme, aus Erfahrungen zu lernen. Natürlich sollten wir uns auch über konkrete Projekte austauschen, denn jeder hätte sicher Interessantes über eigene Projekte vorzubringen: von der Organisation eines Grillabends im Verein bis hin zu einem mit Drittmitteln finanzierten Forschungsvorhaben.

»Lehr-Lern-Kurzschluss«

Es kam, wie es kommen musste: Die Professoren waren einerseits tief beeindruckt von ihren Glanzleistungen und – mehr noch – von ihren Fehlern, die sie im Verlauf der Lernprojekte hinlegten, andererseits vermissten einige eine breit angelegte theoretische Einführung zum Projektmanagement, die der Referent am Anfang zu leisten gehabt hätte. Womit wir gleich beim Richtungsstreit zwischen Instruktionisten und Konstruktionisten angelangt wären: Erstere unterstellen, dass »der Lernstoff«, soweit er »nach allen Regeln der Kunst« aufbereitet und präsentiert wird, vom Lernenden abgespeichert würde. Letztere bezeichnen eben dies als den »Lehr-Lern-Kurzschluss«: Das Postulat »Gelernt wird, was gelehrt wird« würde nie und nimmer funktionieren.

Lebendige und dynamische Prozesse

Konstruktive Lernprojekte sind für instruktionistische Seminarleiter denkbar ungeeignet. Denn: Das was entsteht, was herauskommt, lässt sich nicht vorhersagen. Trainer indessen, die dem Konstruktivismus nahe stehen, lassen sich gerne auf lebendige und dynamische Prozesse ein.

Für sie sind all die vielen Konstruktionen – gegenständliche wie gedankliche – Knetmasse für Erkenntnis- und Veränderungsprozesse, an denen die Lernenden genauso arbeiten wie die Anleiterinnen und Moderatoren.

Für wen und für welchen Zweck sind *Konstruktive Lernprojekte* gedacht?

Auf Erlebnisse und Erfahrungen aufbauen

Eines steht fest: Instruktionistisch denkende Dozenten – ebenso wie Trainer – haben so ihre Schwierigkeiten mit offenen, unfertigen und teilnehmerorientierten Lernprozessen. Sie fühlen sich dann wohl, wenn klare Ursache-Wirkungs-Zusammenhänge konstatiert werden, wenn lineare Plausibilitäten entwickelt und ein nachrichtentechnisches Verständnis der Informationsweitergabe vorherrscht. Diese Gruppe wird mit dem vorliegenden Buch keine rechte Freude haben – oder sieht es als »Rosskur« und zieht gerade deshalb Nutzen daraus!?

In erster Linie sind all jene Seminarleiter, Trainer, Lehrer, Hochschuldozenten und ebenso auch Berater angesprochen, die Experimente lieben, keine Angst vor offenen Situationen haben, mit Unfertigem leben können, auf Erlebnisse aufbauen und Erfahrungen verarbeiten wollen.

Welchen Platz den *Konstruktiven Lernprojekten* eingeräumt wird, bleibt natürlich jedem Moderator oder Trainer selbst überlassen: So können sich die Lernprojekte und Szenarien wie ein roter Faden durch das Seminar ziehen – ergänzt zum Beispiel durch Theorie-Inputs und Kleingruppenarbeit zu den fixierten Themen. Oder sie fungieren, sozusagen in »Pillenform«, als auflockernde und stimulierende Praxisbausteine zwischendurch. Wie auch immer: Sie sind in jedem Falle eine andere Kategorie als die Klatsch-Stakkati oder Partner-Massageübungen, die in manchen Seminarratgebern zur Aktivierung einschlafender Teilnehmer empfohlen werden.

Wie ist dieses Buch aufgebaut?

Teil 1: Grundlagen und Einsatzbereiche

Im ersten Teil werden die Grundlagen des *Konstruktives Lernens*, also dessen Verständnis vom Lernen, die historischen Wurzeln und die Einsatzbereiche in der gebotenen Kürze dargeboten. In Abgrenzung zum instruktiven Lernen, beziehungsweise der gängigen Vorstellung hierzu, will ich zeigen, auf was sich Lernende und Anleiter beim *Konstruktiven Lernen* einlassen.

Teil 2: 15 Lernprojekte

Der eilige Leser kann diesen Part überspringen und sich gleich den zweiten Teil vornehmen. Er ist das Herzstück dieses Bandes: 15 Lernprojekte und Szenarien werden so ausführlich dargestellt, dass sie jeder Seminarleiter und jede Trainerin ohne spezielle fachliche Kenntnisse einsetzen kann. Die meisten davon auch ohne große Materialschlacht: So werden bei einem Projekt lediglich zwei oder drei kleine Bälle, bei einem nächsten einige Tücher und bei einem dritten ein Stück Seil benötigt. Manche Lernprojekte erfordern einen etwas größeren Aufwand, aber mit etwas Improvisationsgeschick sind auch sie rasch vorbereitet.

Teil 3: »Design«

Im dritten Teil des Buches wird relativ ausführlich dargestellt, wie sich aus ersten Ideen ein Profil und schließlich ein Design eines handlungsorientierten Trainings entwickeln lässt und was bei der Planung und Vorbereitung beachtet werden muss.

Teil 4: Didaktik

Mit einer kleinen Fachdidaktik der Konstruktiven Lernprojekte versucht sich der vierte Teil: Die Hauptphasen aller Lernprojekte, Instruktion, Moderation und Reflexion, werden in Bezug auf die Person des anleitenden Trainers unter die Lupe genommen.

Natürlich gehören viele der behandelten Punkte zum Handwerkszeug des umfassend vorgebildeten und erfahrenen Seminarleiters. Der Band ist indessen als breit angelegtes Lehrbuch konzipiert und schließt als Adressaten auch die Studentin der Erwachsenenbildung ohne praktische Erfahrungen in der Seminararbeit und den Novizen in der Trainerzunft mit ein.

Anhang: Checklisten ...

Im Anhang schließlich finden Sie eine Matrix zu den Einsatzmöglichkeiten der 15 Lernprojekte, Checklisten und Übersichten sowie Informationen zu Fortbildungsanbietern und einschlägiger Literatur.

Da dieser Band als »Methoden-Lehrbuch« und nicht als wissenschaftliches Grundlagenwerk konzipiert ist, verzichte ich auf eine erläuternde und abwägende Diskussion des Konstruktivismus und seiner Variationen in Bezug auf die theoretischen »basics« der Pädagogik. Wer sich dafür interessiert: Kersten Reichs Einführung in die »Systemisch-konstruktivistische Pädagogik« (1997) und Horst Sieberts Diskussion in seinem Werk »Pädagogischer Konstruktivismus« (1999) geben einen umfassenden Überblick.

Die Konzeption des Konstruktiven Lernens: direkt, unmittelbar, »hautnah«

Unsere Welt erfinden wir nur im Kopf

Wirklichkeit als Konstruktion

Wenn man die Kernthese des Konstruktivismus ernst nimmt, dann muss so ziemlich jedes Lehrbuch umgeschrieben oder zumindest umgedacht werden. Sie lautet nämlich (nach Siebert 1999): *Menschen sind operational geschlossene Systeme.* Die äußere Realität ist ihnen sensorisch und kognitiv unzugänglich. Sie sind lediglich mit der Umwelt »strukturell gekoppelt«, das heißt, sie wandeln Impulse von außen in ihrem Nervensystem um. Die so erzeugte Wirklichkeit ist keine Abbildung der Außenwelt, sondern eine funktionale Konstruktion. Insofern können Menschen auch nicht von ihrer Umwelt determiniert, sondern allenfalls »gestört« und angeregt werden.

Wenn das altbekannte Instruieren, also die nachrichtentechnische Mechanik von Informationsweitergabe und -aufnahme nicht (mehr) funktioniert, dann haben ziemlich viele der tradierten Lehr- und Lernformen ausgedient. Doch was dann? Gibt es denn alte oder vielleicht auch neu entwickelte Methoden und Instrumentarien, die wirksam sind im Sinne von »Störung« und Veränderung? Doch halt! Jetzt wären wir fast wieder in die instruktionistische Falle getappt, die da heißt: Du musst nur die richtigen »Werkzeuge« – oder moderner ausgedrückt – passenden »Tools« verwenden, dann kannst du alles so beeinflussen und verändern, wie du es gerne hättest. Und damit hätten wir die konstruktivistische Wende glatt wieder rückgängig gemacht. Es muss also »irgendwie« anders gehen.

»Passende« Methoden

Schlägt man in den Werken zur konstruktivistischen Pädagogik nach »passenden« Methoden nach, dann findet man nur wenig »aus der Praxis für die Praxis«: Reich (1997) ist da noch am ergiebigsten, beschränkt sich indes im Wesentlichen auf die Schulpädagogik. In dieser Rubrik führt er unter anderen die Stichworte Medienwerkstatt, Stellwandtechnik (Metaplan), Klassenzeitung, Arbeitsateliers, Aufführungen, Ausstellungen, Werkberichte und freies Arbeiten an (ebd., S. 225ff.). Des Weiteren kommen bei ihm Methoden aus der Humanistischen Psychologie zum Zuge: Skulpturarbeit, Reframing, Familienrekonstruktionen usw. (ebd., S. 236ff.).

Die Wurzeln reichen zurück bis zur Reformpädagogik

John Dewey – Wegbereiter des Konstruktiven Lernens

Geht man – zeitlich gesehen – weiter zurück, dann trifft man unweigerlich auf John Dewey, den amerikanischen Bildungsphilosophen (1859–1952). Er ist der wohl wichtigste Wegbereiter des *Konstruktives Lernens*. Seine radikal auf Wachstum und Entwicklung setzende Position gipfelt im fast schon paradox anmutenden Theorem: »Vom Lernen wird angenommen, dass es ein Ziel *haben* müsse, während es in Wirklichkeit eines *ist*.« (Dewey 1993, S. 76; Hervorhebungen im Original) Für den radikalen Pragmatiker Dewey hat Bildung also – wie er an anderer Stelle sagt – »kein Ziel außerhalb ihrer selbst« und ist so »beständige Neuorganisation von Erfahrung« (ebd., S. 108). Sein Schüler William Kilpatrick war es dann, der die Projektmethode ersann und praktisch erprobte. Der Akzent liegt dabei nicht in einer »Wissensmast«, wie sie auch heute noch in frontalen Unterrichtsformen zumindest versucht wird, sondern in der aktiven, auch körperlichen Tätigkeit zur Lösung einer bestimmten Aufgabe. Die Projektmethode verbreitete sich bereits in den 20er-Jahren des 20. Jahrhunderts von der amerikanischen Ostküste aus in die Industrieländer des Commonwealth, aber auch nach Zentraleuropa und in Teile Osteuropas. Was heutzutage – zum Beispiel im Schulwesen oder in der betrieblichen Erstausbildung – als Projektmethode oder Projektlernen firmiert, ist allerdings zum großen Teil weit vom Ausgangsgedanken ihrer Erfinder entfernt: Eingeengt durch Leitfragen, standardisierte Methoden und normierte Wege werden die Probanden von Teilziel zu Teilziel geführt. Kreative Lösungen haben kaum eine Chance.

Kurt Hahn – Schöpfer der »Erlebnistherapie«

Die hier vorgestellten *Konstruktiven Lernprojekte* beziehen von Dewey den radikalen Entwicklungsgedanken und von Kilpatrick ihre Struktur: zeitlich, räumlich und inhaltlich. Was noch fehlt ist die körperlich-gegenständliche Komponente, die die Projekte auszeichnet. Wichtiger Ideengeber und – wenn man so will – Mentor hierbei ist Kurt Hahn (1885–1974), der mit seinem persönlichkeitsentwickelnden Konzept hierzulande lange ein Schattendasein führte. Der Mitbegründer des Landerziehungsheims Schule Schloss Salem und Schöpfer der so genannten »Erlebnistherapie« baute auf unmittelbare Körperlichkeit und den Reiz des Ungewohnten im Kontrast zum Alltag.

Seine »short term schools«, die er während des Zweiten Weltkriegs als deutscher Exilant für britische Handelsmatrosen ins Leben rief, sind mittlerweile unter dem Namen Outward Bound auf allen Kontinenten zu finden. Ihm verdankt das *Konstruktive Lernen* sein organisch-vitales Moment: die Anstrengung und Ausdauer, die nötig sind, ein Projekt zum erfolgreichen Ende zu bringen, den »Kick« des Fremden, des Unbekannten.

Belassen wir es bei diesem kurzen historischen Diskurs und wenden wir uns der Gestalt und dem Innenleben der *Konstruktiven Lernprojekte* zu. Wie sind sie aufgebaut? Wie funktionieren sie? Was ist das Spezifische an ihnen?

Rahmen, Ort und Zeit

Im Seminarraum und unter freiem Himmel

Die meisten der hier vorgestellten *Lernprojekte* lassen sich im Seminarraum ebenso realisieren wie auf dem Rasen oder im kleinen Park vor dem Tagungshotel. Vielleicht entfalten einige ihre Wirkung besser unter freiem Himmel, während andere besonders in der Geschlossenheit eines Seminarraums zur Geltung kommen. Aber letztlich ist das in erster Linie Geschmackssache. Mal abgesehen davon, dass es – entsprechendes Wetter vorausgesetzt – angenehm und anregend sein kann, im Freien zu arbeiten.

Das Spektrum der Aufgabenstellungen reicht vom zehnminütigen Miniprojekt zum thematischen Einstieg bis zum halbtägigen Szenario, das einigen Material- und Logistikaufwand erfordert. Diese Bandbreite wird mit diesem Buch abgedeckt.

Instruktion, Aktion, Reflektion

Die Lernprojekte sind in der Regel in drei Phasen gegliedert: Instruktion, Aktion und Reflexion. Die zeitlichen Anteile der einzelnen Phasen am Gesamtprojekt sind höchst unterschiedlich. So kommt es durchaus vor, dass eine Aktionsphase von einer viertel Stunde Dauer anderthalb Stunden nachbereitet wird. Die Aufarbeitung geht dann meist über das Geschehen während der Aktionsphase hinaus.

Themen sind nicht mehr als Arbeitshypothesen

Im Prinzip können mit jedem *Lernprojekt* eine Reihe bestimmter »weicher Themen«, wie zum Beispiel Vertrauen, Verantwortung, Einfühlungsvermögen etc. bearbeitet werden. Allerdings kann keineswegs ausgeschlossen werden, dass nicht andere Themen das Geschehen des *Lernprojekts* bestimmen und der vom Trainer vielleicht bewusst anvisierte Themenschwerpunkt gar nicht zur Sprache – oder besser: zur Ausführung kommt.

Offenheit bei den Themen

Aber gerade dieser Aspekt des Offenen, nicht Vorhersagbaren macht die Sache erst richtig interessant. Häufig sind es ja gerade die Projektionen des Trainers, die den Seminarverlauf in einer bestimmten Weise determinieren. Mit der Auswahl, dem Rhythmus, der Länge und Akzentuierung der einzelnen Arbeitseinheiten glaubt er, »alles im Griff« zu haben. Angesichts seiner Machtposition mag das auch tatsächlich zutreffen. Nur: Er und vor allem die Teilnehmer nehmen so in Kauf, dass andere Themen, die für die Gruppe genauso wichtig wären, unter den Tisch fallen.

Diagnostische Instrumente

Konstruktive Lernprojekte sind in dieser Hinsicht nur sehr begrenzt kalkulierbar. Wie die einzelnen Akteure und Teams an die Aufgabe herangehen, ob sie euphorisch »durchstarten« und dabei das eigentliche Ziel ganz aus den Augen verlieren oder ob sie sich vielleicht verweigern und ihr Heil in einem Konflikt mit dem Trainer suchen, ist prinzipiell offen. Dies bringt allerdings nicht nur Nachteile mit sich: Die *Lernprojekte* eignen sich nämlich hervorragend als diagnostische Instrumente: Nicht selten holen sie jene oft heiklen Punkte ans Tageslicht, die sonst kunst- und mühevoll unter der Oberfläche gehalten werden.

Mithin sollten jene Trainer und Berater umdenken, die einzelnen Lernsequenzen bereits im Vorfeld jeweils minutiös definierte Ziele zuordnen wollen, um diese dann, sozusagen per Vollzug, einzulösen. Auf alle Fälle ist Mut gefordert, sich auf unbekannte Situationen und offene Ausgänge einzulassen und auch mal etwas zu riskieren.

Anwendungsfelder und Einsatzbereiche

Seminare, Inter-gruppen-Trainings, Klausuren ...

Das Seminar bzw. Training, an dem eine Gruppe von etwa 6 bis 15 Personen teilnimmt, ist das typische Anwendungsfeld der hier vorgestellten *Konstruktiven Lernprojekte*. So genannte Intergruppen-Trainings, bei denen mehrere Teams auf kooperatives Arbeiten in und zwischen Gruppen eingestellt werden sollen, finden in den Lernprojekten die geeigneten Übungsräume für künftige Aufgaben. Einzelprojekte mit identischer oder komplementärer Struktur können so kombiniert und miteinander verzahnt werden, dass die spätere Organisationsstruktur in den *Lernprojekten* rekonstruiert oder auch vorweggenommen wird. Ebenfalls geeignet sind Klausurtagungen oder Großveranstaltungen, bei denen entweder im Stationssystem verschiedene Projekte absolviert werden oder eine Reihe von Teams Einzelaufgaben erfüllen, die wiederum in ein zusammenhängendes Szenario integriert sind. In Assessment-Centers kommen *Konstruktive Lernprojekte* momentan noch relativ selten zum Zuge. Allerdings wird sich das in absehbarer Zeit ändern, da hier hervorragende Potenziale im Verborgenen liegen.

Kommunikation, Führung, Teamwork ...

In Bezug auf Einsatzmöglichkeiten und Themen, die mit der vorgestellten Methode bearbeitet werden können, mag der unbefangene Betrachter erst einmal seine Schwierigkeiten haben: Auf einer Weiterbildungstagung geriet ich in einen Disput mit einem konstruktivistischen Bildungstheoretiker, der sich in seinen Praxisbeispielen einzig auf virtuelle Lernwelten und hier besonders auf »Distance Learning« bezog. Ein Personalentwickler eines großen deutschen Unternehmens sprach mich anschließend auf meine Gegenposition an und fragte mich, was ich konkret unter Lernen mit Kopf, Herz und Hand verstünde. Ich beschrieb ihm kurz die Gestalt der *Konstruktiven Lernprojekte*, worauf er erwiderte, dass das wohl eine sehr spezielles Methode sei, die man nur in besonderen Fällen anwenden könne. Ich antwortete ihm, dass genau das Gegenteil richtig ist: Potenziell eignen sich alle Veranstaltungen, in denen »soft factors« eine Rolle spielen. Die Palette reicht von Kommunikations- und Führungsseminaren über Trainings für neu gebildete oder bestehende Teams, Klausuren zu Qualität oder Kundenorientierung bis hin zu Workshops zu Projektmanagement.

In all diesen Veranstaltungen sind die hier vorgestellten *Lernprojekte* natürlich immer nur ein Teil des Ganzen. Wie noch zu zeigen sein wird, können sie beispielsweise am Beginn eines Seminars Impulse setzen, im weiteren Verlauf einen abstrakten Diskurs fassbar machen und konturieren oder am Ende eines Workshops einen symbolischen und dennoch inhaltlich anspruchsvollen Schlusspunkt setzen.

»Action hopping« macht keinen Sinn!

Keinen Sinn macht es allerdings, ein *Lernprojekt* an das andere zu reihen. Das wäre wenig mehr als »action hopping«. Die Projekte und Szenarien wirken dann am stärksten und nachhaltigsten, wenn sie sich auf eine dienende Funktion im Sinne des Zweckes der Veranstaltung beschränken.

Im Umkehrschluss kann gefolgert werden, dass *Lernprojekte* auf Incentives normalerweise fehl am Platze sind. Wenn allein der Spaß- oder »Kickfaktor« als Maßstab für die Güte der Veranstaltung herhalten muss, dann eignen sich jede Art von Showelementen, einschließlich trendige Natursportarten wie Klettern, Canyoning und Rafting, oder auch zweckfreie New Games allemal besser als Projekte, bei denen Handlungs- und Erfahrungslernen im Vordergrund stehen.

Doch nun soll Schluss sein mit abstrakter Theorie! Auch Sie lieber Leser, der sich bis hierhin mitziehen ließ in die Konzeptionierung des *Konstruktiven Lernens,* sind eingeladen, nun in die viel sinnlichere Praxis einzutauchen, Lernprojekte auszuwählen und solche selbst zu konstruieren für den eigenen beruflichen Handlungszusammenhang.

15 Projekte und Szenarien: aus der Praxis für die Praxis

Reihenfolge und Auswahl

Die einzelnen *Lernprojekte* sind nicht systematisch geordnet (weil sie sich ohnehin kaum in ein System pressen ließen), sondern eher locker aneinander gereiht. Kleine, kürzere und weniger komplexe *Lernprojekte* stehen am Anfang des folgenden Kapitels. Größere, länger dauernde, aufwendigere und auch komplexere Szenarien beschließen den zweiten Teil dieses Buches.

Bei der Auswahl habe ich mich einerseits von meinen eigenen Vorlieben und andererseits von den einschlägigen Quellen leiten lassen. Empfehlenswert sind vor allem diese zwei Bücher:

❖ Kölsch, H./Wagner, F.-J.: Erlebnispädagogik in Aktion. Luchterhand, Neuwied 1998, und
❖ Gilsdorf, R./Kistner, G.: Kooperative Abenteuerspiele. Kallmeyer, Seelze-Velber 1995.

Ich möchte möglichst viele neuere, in der Literatur noch nicht ausgewalzte und in der Weiterbildungsszene (noch?) unbekannte *Lernprojekte* vorstellen. Wo ich auf Bekanntes zurückgreife, ist damit der Anspruch verbunden, eine interessante Variation eines Themas beizusteuern oder etwas Eigenständiges und Originelles hinzuzufügen.

Haben Sie die Gebrauchsanweisung Ihres Videorekorders beim ersten Lesen verstanden?

Wenn Sie mit »Ja« antworten, können Sie diesen Absatz getrost überspringen. Wenn nicht, dann will ich Sie an Bertrand Russel verweisen, der gesagt hat, dass eine Kombination von Genauigkeit und Verständlichkeit unmöglich ist. So entschied ich mich bei der Beschreibung der folgenden *Lernprojekte* im Zweifel für Letzteres, was zur Folge hat, dass sich nicht alle Details beim ersten Durchlesen erschließen. Aber warum sollte es Ihnen besser ergehen als all jenen Akteuren, die Jahr für Jahr mit *Lernprojekten* traktiert werden? – ... und trotzdem oder gerade deshalb ihren Spaß damit haben.

Genau oder verständlich?

Lassen Sie sich also nicht gleich entmutigen! Ein ganz simples Kartenspiel, das ich kürzlich auf eine Empfehlung hin kaufte, wird in einem Beiheft mit zwölf Seiten erklärt. Und die Gebrauchsanweisung meines neuen Mobiltelefons umfasst 125 eng bedruckte Seiten.

Überblick

Einen raschen Überblick sollen Ihnen die zwei Seiten der Projektbeschreibung verschaffen. Sie finden dort alles Wichtige zu Personenzahl, Räumlichkeiten bzw. Platzbedarf, Material und Zeitbedarf sowie eine kurze Charakteristik. Im Einzelnen bedeutet dies:

❖ **Akteure**

Unter Akteuren werden alle Personen verstanden, die direkt in das Projekt einbezogen sind. Die angegebene Zahl ist nach unten nur schwer variierbar. In modifizierter Form kann das Projekt in der Regel jedoch auch mit mehr Teilnehmern durchgeführt werden. Weitere Funktionen (Beobachtung, Controlling) sind bei etwa der Hälfte der Projekte zusätzlich angeführt.

❖ **Räumlichkeiten bzw. Platzbedarf**

Alle Projekte können in Seminar- oder Büroräumen durchgeführt werden. Die meisten eignen sich auch für den Außenbereich. Bei Projekten mit größerem Raumbedarf macht es Sinn, ins Freie zu gehen, wenn das Wetter trocken und nicht zu kalt ist. Im Anhang finden sie eine Checkliste, die Ihnen die Ortswahl erleichtern soll.

❖ **Material**

Die angegebenen Materialien lassen sich meist leicht organisieren. Einige komplexere Projekte erfordern dagegen einige Vorarbeit, die sich jedoch schnell amortisiert. Mit etwas Improvisationsgeschick schafft man es eigentlich immer, fehlende Utensilien zu ersetzen oder die Aufgabenstellung entsprechend anzupassen. Im Anhang finden Sie dazu eine Übersicht.

❖ **Zeitbedarf**

Angegeben ist jeweils die ungefähre Zeitspanne vom Beginn der Instruktion bis zum Ende der Auswertung. Es sind dies Erfahrungswerte, die im Einzelfall sowohl nach oben wie nach unten variieren können.

Vorbereitung, Instruktion, Moderation bzw. Intervention

Die daran anschließenden Seiten sollen Sie möglichst detailliert über die Vorbereitung, Instruktion und Moderation, über eventuell notwendige Interventionen und (zu delegierende) Beobachtungsaufgaben sowie über Auswertung und Sicherheitsaspekte informieren. Die wörtlichen Textvorschläge für den Trainer sind jeweils *kursiv* gesetzt.

Bei der Auswertung ist den einzelnen Projekten jeweils ein bestimmtes Verfahren bzw. eine bestimmte Methoden zugeordnet. Je nach persönlicher Präferenz können Sie diese Verfahren und Methoden natürlich zwischen den einzelnen Projekten verschieben. Nutzen Sie dazu die Übersicht im Anhang!

Methodische und didaktische Aspekte

Im dritten und vierten Teil des Buches wird ausführlich auf die von der Vorbereitung bis zur Auswertung reichenden methodischen und didaktischen Aspekte eingegangen. Insofern dürfte es sich durchaus lohnen, zwischen Projektbeschreibungen und der sie unterfütternden praxisleitenden Theorie im dritten und vierten Teil hin und her zu springen.

1. Stühle kippen

Akteure	6 bis 25 Personen.
Räumlichkeiten bzw. Platzbedarf	Außerhalb eines Stuhlkreises sollte möglichst noch ein knapper Meter Abstand zu Wand, Fenster oder Tür frei sein.
Material	Stühle (oder Sessel) – im Kreis angeordnet. Der Abstand von Stuhl zu Stuhl beträgt maximal einen Meter.
Zeitbedarf	10 bis 15 Minuten.

Charakteristik

Für alle Akteure stehen – angeordnet zu einem Stuhlkreis – Sitzgelegenheiten bereit. Nur: Als solche kommen sie nicht zum Einsatz. Die Akteure stehen vielmehr hinter je einem Stuhl oder Sessel und balancieren diesen auf seinen vorderen Beinen aus. Sodann haben sie die Aufgabe, das »Gerät« von ihrem Nachbarn zu übernehmen und schließlich den Kreis einmal zu umrunden, ohne dass ein Stuhl umfällt.

Bei diesem Miniprojekt schlägt man zwei Fliegen mit einer Klappe: Als erste Aktion eines Workshops oder Seminars kann ohne große Worte verdeutlicht werden, dass die Veranstaltung nicht als Vortrags- und Diskussionsmarathon geplant ist. Zum anderen erhält der Trainer einen ersten, wenn auch groben, diagnostischen Anhaltspunkt, wie die Gruppe (inter)agiert. Außerdem wird – vor allem dann, wenn sich die Akteure nicht kennen – das meist steife Klima einer Anfangssituation ein Stück weit aufgelöst.

Vorbereitung und Instruktion

Es stehen so viele Stühle wie Mitspieler im Kreis. Jeder Akteur stellt sich hinter einen Stuhl, fasst diesen mit der rechten Hand an der Lehne und kippt ihn in Richtung Mittelpunkt des Kreises. Alle drehen sich nun um 90 Grad nach links und halten weiterhin mit der rechten Hand ihren Stuhl.

Die Aufgabe besteht nun darin, dass alle Akteure den Stuhlkreis im Uhrzeigersinn umrunden, ohne dass ein Stuhl wieder auf seine vier Beine fällt oder umstürzt. Dabei darf erstens nur die rechte Hand benutzt und zweitens nur jeweils ein Stuhl berührt werden.

Das Miniprojekt ist dann zu Ende, wenn alle wieder an ihrem Ausgangspunkt stehen und kein Stuhl zu Boden ging oder in die normale Sitzposition fiel. Strengere Variante: Kein Klappern darf zu hören sein.

Bei einem Fehler geht jede Person zurück an »ihren« Stuhl und alles beginnt von vorn.

Moderation bzw. Intervention

Prinzipiell ist Zurückhaltung angesagt! Allerdings tendieren manche Gruppen dazu, die Regel, dass bei einem Fehler alles wieder von vorne beginnt, nicht ernst zu nehmen. Dann ist es ratsam, dass der Trainer die Akteure an ihre Ausgangspositionen zurückschickt.

Wird mit diesem kleinen Projekt ein Workshop oder ein Seminar gestartet, sollte es der Trainer den einzelnen Akteuren beziehungsweise der Gruppe überlassen, was als Fehler zu werten ist. Wenn ein Stuhl für einen winzigen Augenblick auf allen vier Beinen steht und es dabei hörbar klappert, gewinnt oft die Haltung »Hat ja niemand gehört!« die Oberhand. Ich persönlich greife dann nicht ein, sondern warte mit meiner Intervention bis zur Auswertung.

Auswertung

Die Reflexion sollte nicht zum starren Ritual verkommen, das obligatorisch jeder Aktion folgt. Insofern verzichte ich beim »Stühle kippen« manchmal darauf. Etwa dann, wenn nach einer chaotischen Anfangsphase, bei der die Stühle wild durcheinander purzeln, ein gemeinsamer Rhythmus gefunden wird, der rasch zum Erfolg führt.

Wenn allerdings mehrere Personen um die informelle Führerschaft konkurrieren oder niemand den Taktstock ergreifen will, kann es zahlreiche, manchmal zermürbend viele Versuche lang dauern, bis die Aufgabe gelöst ist.

Der Trainer könnte dann – mit Blick auf die Gruppenkultur (oder seine eigenen Projektionen) – in spekulativer Weise nachfragen:

❖ Welche positiven und negativen Effekte sind zu erwarten, wenn eine Gruppe keine oder mehrere Leitungspersonen hat? Wann ist Leitung erforderlich?
❖ Wie können Leitungspersonen ihre Akzeptanz in wenig strukturierten, unübersichtlichen Situationen erhöhen?
❖ Wie geht man mit dem »Sündenbock« um, der kurz vor dem Ziel patzt, sodass alles wieder von vorne beginnt?
❖ Welche Rolle spielt Zeit bei Projekten, die auf ein »Null-Fehler-Prinzip« gründen?

Dass damit unter Umständen bereits ein »größerer Koffer« geöffnet wird, sollte sich der Trainer bewusst sein. Denn: Ausufernde Diskussionen zu Beginn sind selten ergiebig.

2. Seilschwingen

Akteure	6 bis 25 Personen.
Räumlichkeiten bzw. Platzbedarf	Eine freie Fläche von mindestens 6 m × 8 m; lichte Höhe: 2,50 m (Vorsicht bei Niederstrom-Lampen oder anderen von der Decke hängenden Objekten!).
Material	❖ Ein Bergseil oder ❖ eine Wäscheleine mit einer Länge von mindestens zehn Metern.
Zeitbedarf	10 bis 15 Minuten.

Charakteristik

Ein Seil wird an den Enden von je einer Person festgehalten und gleichmäßig so in Bewegung versetzt, dass eine spindelförmige, rund zwei Meter hohe Schwungbahn entsteht. Die gesamte Gruppe muss nun – wie beim Seilspringen – im rechten Winkel durch diese Spindel laufen, ohne dass eine Lücke entsteht.

Ein Kinderspiel, kein seriöses Projekt, denkt man im ersten Moment und liegt damit richtig und falsch zugleich. Denn es kommt auf das richtige »Timing« an: Wenn nur eine Person zu früh oder zu spät losläuft, ist der Schwung des Seiles gestoppt oder der Fluss im Durchlauf der Gruppe unterbrochen. Womit das Spiel von vorne beginnt und das Stressniveau jedes Einzelnen sich ein Stück weiter erhöhen dürfte.

Wenn der Beginn einer Teamklausur, eines Projektgruppen-Workshops oder auch eines thematisch aufgehängten Seminars bewegt-dynamisch gestaltet werden soll, dann ist dieses kleine Lernprojekt angesagt. Es verknüpft in idealer Weise individuelle und kooperative Anforderungen, mit denen Teams heutzutage konfrontiert werden.

Vorbereitung

Der Trainer sollte am Ort des Geschehens mit einer zweiten Person (Co-Trainer oder Helfer) das Seil probeweise in Schwung bringen. Wenn kein Partner zur Verfügung steht, kann es auch an einer Türklinke oder einem anderen festen Teil in zirka 1,20 m Höhe fixiert werden. Spezielle motorische Fähigkeiten sind übrigens nicht erforderlich.

Instruktion

Bei schwingendem Seil wird die Gruppe in etwa so ins Bild gesetzt:

> *»Das Ziel ist, dass Sie alle »durch« dieses schwingende Seil auf die andere Seite gelangen. Während der Aktion muss sich bei jeder Umdrehung mindestens einer von Ihnen in der »Spindel«, also in jenem – vom Seilschwung begrenzten – Raum befinden. Falls dies einmal nicht der Fall ist, müssen Sie alle wieder von vorn beginnen. Dies gilt auch dann, wenn das Seil durch jemand gestoppt wird und damit aus dem Rhythmus gerät.«*

Moderation bzw. Intervention

Der Trainer schwingt mit stoischer Gelassenheit das Seil und wacht über die Regeln. Das heißt, er spielt bei diesem Projekt den Schiedsrichter. Ich persönlich zeige mich indessen durchaus flexibel, was Regelverstöße anbelangt (»Geriet das Seil durch diese Berührung nun aus dem Rhythmus oder nicht?«) und handle mit der Gruppe aus, ob sie nun von vorne beginnen muss. So entsteht zusätzlicher Stoff für die Auswertung.

Auswertung

Eine ausführliche Auswertung ist bei diesem Projekt meist fehl am Platz, vor allem dann, wenn die Gruppe bereits im ersten Versuch erfolgreich war. Wenn jedoch mehrmals von vorne begonnen werden musste, lohnt sich genaueres Hinsehen. Je nach Einstellung, Kontakt zur Gruppe und Mut kann der Moderator zum Beispiel systemische Fragen stellen:

> *»Was würde ein Kollege vom Außendienst/ein Vorstandsmitglied/die Sekretärin der benachbarten Abteilung/der Pförtner … sagen, wenn er/sie jetzt zugeschaut hätte?«*
>
> *»Wie viele Fehler werden Sie bei einer vergleichbaren Aufgabe am Ende des Seminars/in drei Monaten/zu Beginn des nächsten Jahres machen?«*
>
> *»Angenommen, Sie bewerten das Ergebnis als unbefriedigend: Zu wie viel Prozent waren die Aufgabenstellung, die Rahmenbedingungen (zum Beispiel der Schwung des Seiles), die Kommunikation im Team und individuelle Fehler ›schuld‹ daran?«*

Mir persönlich macht es Spaß, gerade zu Beginn einer Veranstaltung provozierende Fragen zu stellen oder ungewohnte Dinge von den Teilnehmern einzufordern und dann zu schauen, was passiert.

Andererseits: Weniger ist manchmal mehr! Wenn kleine, unaufwendige Projekte zerredet werden, sinkt die Bereitschaft der Teilnehmer, sich auf die nächste Herausforderung einzulassen.

3. Schwebender Stab

Akteure

6 bis 15 Personen.

Räumlichkeiten bzw. Platzbedarf

Eine Fläche von 3 m × 4 m reicht vollkommen aus. Von Stühlen, Tischkanten etc. sollte etwas Abstand gehalten werden, sodass alle Beteiligten genügend Raum haben, sich zu bücken oder in die Knie zu gehen.

Material

- ❖ Ein Bambusstab mit einer Länge von etwa 2,50 m.
- ❖ Ersatzweise kann auch eine zerlegbare Zeltstange verwendet. Das Gewicht sollte in jedem Fall nicht mehr als 300 g betragen. Wenn ich per Bahn oder Flugzeug unterwegs bin, benutze ich eine – ebenfalls zerlegbare – Lawinensonde, Typ Ortovox. Im Vergleich zu einer Zeltstange ist sie starrer und deshalb besser geeignet.

Zeitbedarf

15 bis 20 Minuten.

Charakteristik

Die Akteure sollen einen Bambusstab, der auf ihren waagrecht gehaltenen Zeigefingern balanciert, auf den Boden ablegen. Dabei müssen sie alle ständigen Hautkontakt zum Stab halten.

Auf den ersten Blick scheint die Aufgabe leicht lösbar zu sein. Umso mehr überrascht, dass sich der Stab nicht Richtung Boden bewegt, sondern nach oben entschwebt. Eine alte »systemische Bauernregel« scheint sich damit wieder mal zu bewahrheiten: »Intention und Funktion einer Aktion sind meist divergent.« (Fritz B. Simon)

Der »Schwebende Stab« eignet sich als kleines *Lernprojekt* hervorragend für den Einstieg in den (Seminar-)Tag oder für einen organischen Übergang zu einem neuen Thema.

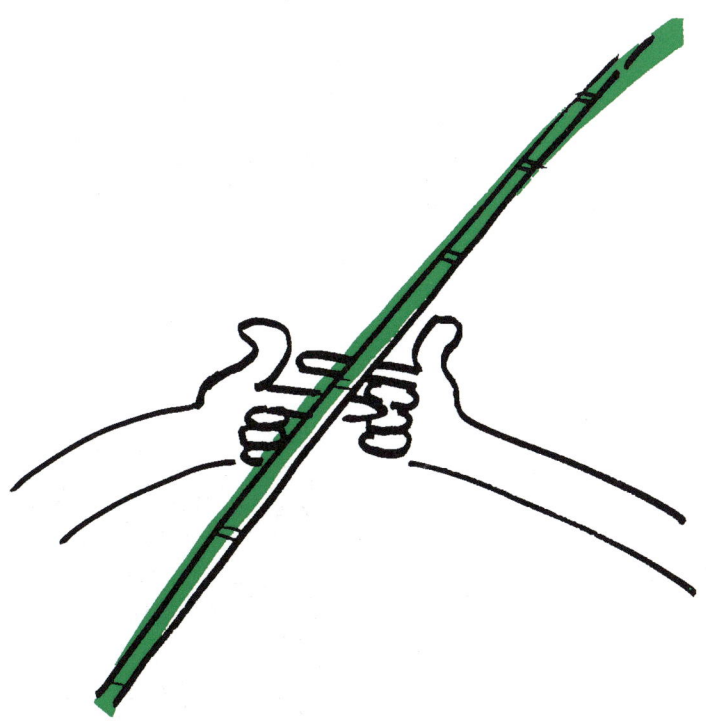

Vorbereitung und Instruktion

Die Akteure stellen sich – Schulter an Schulter – mit dem Gesicht zueinander in einer Gasse auf. Sie strecken ihre Hände nach vorn und ordnen diese nach dem Reißverschluss-Prinzip. Bildhaft unterstützend heißt es dann:

> *»Zielen Sie jetzt – wie mit einem Revolver – auf Ihr Gegenüber und halten Sie als Abzug ihren Daumen nach oben!«*

Wenn alle Akteure ihre Positionen eingenommen haben legt der Trainer den Bambusstab auf die waagrecht gehaltenen Zeigefinger ab. Den Stab hält er noch fest, achtet darauf, dass alle Kontakt zu diesem haben und pariert einen eventuellen Druck nach oben durch sanften Gegendruck.

Erst jetzt formuliert er die Aufgabe, den Stab auf den Boden abzulegen und währenddessen ständig zu ihm Kontakt zu halten. Er betont, dass es nicht erlaubt ist, den Stab zwischen die Finger einzuklemmen, mit dem Daumen nachzuhelfen oder Hilfsmittel zu verwenden.

Moderation bzw. Intervention

Bei diesem *Lernprojekt* ist es der Trainer, der auf die Qualität der Ausführung achten sollte. So insistiert er auf ständigen Kontakt zum Stab und ahndet Regelverstöße auf direktive Weise.

Wenn – vor allem beim ersten Versuch – der Stab nach oben »entschwebt«, übernimmt der Trainer diesen und beginnt wieder in der Ausgangsposition.

Auswertung

Zu diesem kleinen Projekt passt eine kurze Auswertung: Auf ein Flipchart werden – in gleichem Abstand zu einem so genannten Nullpunkt in der Mitte – die Kriterien Qualität, Zeit, Kommunikation und Atmosphäre/Stimmung aufgeschrieben und horizontal und vertikal durch Skalen verbunden. Die Akteure können nun das *Lernprojekt* mit Klebepunkten bewerten: Jeder setzt seine vier Punkte zwischen dem Nullwert und den vier oben angegebenen Kriterien. Anschließend werden zu diesen – über den Daumen gepeilte – Durchschnittswerte markiert und miteinander zu einem Viereck verbunden.

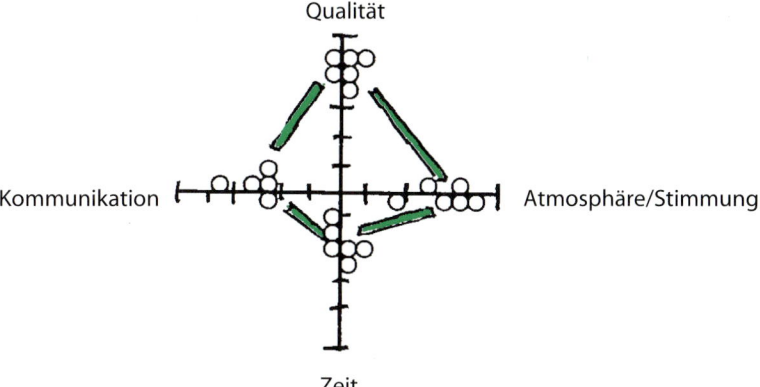

Die entstandene Grafik bildet den Unterbau für eventuelle weitere Betrachtungen. Aufschlussreich ist meist das Spannungsverhältnis auf den beiden Achsen. Also:

❖ Wie verhält sich Qualität zu Zeit? Wurde die Qualität dem schnellen Erfolg geopfert oder umgekehrt?
❖ Wie wirkte sich die Kommunikation auf die Stimmung und Arbeitsatmosphäre aus?

Häufig rufen Mitspieler mit eindringlicher Stimme und zunehmender Lautstärke »*Runter!!*« und »*Nach unten, nicht nach oben!*«, wobei der Tonfall keinen Zweifel daran lässt, dass die jeweils anderen »Schuld« sind, dass der verdammte Stab nach oben entschwebt, während man selbst alles dafür tut, die Aufgabe zu erfüllen. In diesem Fall ist nach den Vertrauens- und Misstrauenskulturen im Unternehmen zu fragen. Denn natürlich ist es am einfachsten, einen »Schuldigen« ausfindig zu machen und damit die eigene Verantwortung von sich zu weisen.

4. Teppich falten

Akteure 6 bis 12 Personen.

Räumlichkeiten bzw. Platzbedarf Ein paar Quadratmeter ebene Fläche.

Material Eine Decke mit den ungefähren Maßen 2 m × 1,20 m.

Zeitbedarf 15 bis 20 Minuten.

Charakteristik

Alle Akteure stellen sich auf eine Decke. Sie sollen diese unter ihren Füßen wenden und in einem zweiten Schritt falten, ohne dass jemand den Boden berührt. Was sich erst mal ziemlich profan anhört, entpuppt sich in der Praxis als ein recht pfiffiges Projekt. Nur wenn die Gruppe den richtigen Mix aus Überlegen, Planen und Ausprobieren findet, kommt sie rasch und ohne große Umwege zu einem guten Ergebnis.

»Teppich falten« ist wie geschaffen für Teams, die neu formiert oder umstrukturiert wurden. Alle sind gefordert zusammenzurücken. Dabei empfindet nicht jeder die körperliche Nähe zu den Kollegen als angenehm. Und in dieser ungewöhnlichen Lage, in der es für den Einzelnen schwierig ist, die Lage der Dinge zu überblicken, soll nun – ohne großen Plan –, improvisierend und ständig die Handlungen korrigierend, erst ein vorgegebenes und anschließend ein selbst gestecktes Ziel erreicht werden.

Vorbereitung

Die Decke wird auf dem Boden ausgebreitet. Das ist alles, was an Vorbereitung notwendig ist.

Instruktion (I)

Das Projekt besteht aus zwei Teilaufgaben. Sie werden einzeln vorgestellt:

> »Die erste Aufgabe lautet, diese Decke komplett zu wenden, sodass die jetzt sichtbare Seite nach unten zeigt. Während dieser Aktion darf niemand den Boden berühren. Hilfsmittel sind nicht erlaubt. Ausgeschlossen ist auch, dass jemand auf die Schulter eines anderen steigt.«

Moderation bzw. Intervention (I)

Eingriffe nehme ich nur dann vor, wenn Sicherheitsaspekte berührt werden. Jemanden auf die Schulter eines anderen zu nehmen gestatte ich nicht. Die Verletzungsgefahr beim Auf- und Absetzen ist aus meiner Sicht für den »Untermann« zu hoch. (Muskeln, Sehnen und Gelenke würden beim Aufrichten und Absetzen in extremen Beugestellungen zu stark belastet.)

Instruktion (II)

> »Die zweite Aufgabe ist nun, Ihre Leistungsfähigkeit als Gruppe einzuschätzen. Wie oft können Sie die Decke falten, damit jeweils halbieren und anschließend auf ihr zusammen Platz finden. Wie vorher dürfen alle dabei nicht den Boden berühren und keine Hilfsmittel benutzen. Das Ziel ist, die Decke möglichst oft zu falten. Sie haben nur einen einzigen Versuch.«

**Moderation bzw.
Intervention (II)**

Das unter Moderation bzw. Intervention (I) Gesagte gilt hier analog.

Auswertung

Eingeleitet werden kann die Auswertung mit einem kurzen »Blitzlicht« zur Gruppenleistung bei den beiden Teilaufgaben und zum persönlichen Beitrag daran. Reihum kommt jeder Akteur zu Wort, Kommentare und Zwischengespräche werden dabei nicht zugelassen.

Nach dem Blitzlicht haben alle Beteiligten die Chance, einzelne Einschätzungen zu kommentieren und ihre jeweils individuelle Sicht der Dinge einzubringen.

Der Moderator kann zusätzliche Fragen aufwerfen. Zum Beispiel:

> *»Welche Planungsschritte wurden zur Lösung der ersten Teilaufgabe unternommen?«*
>
> *»Waren sich alle über das gemeinsame Vorgehen klar, als die Decke betreten wurde?«*
>
> *»Wie wurde mit Schwierigkeiten während des Wendens umgegangen?«*
>
> *»Wie lief die Kommunikation in Platzverhältnissen ab, die man sonst nur aus überfüllten Aufzügen kennt?«*
>
> *»Wie verlief die Risikoabwägung bei der zweiten Teilaufgabe? Setzte sich die Haltung ›Hopp oder top‹ durch oder bevorzugte man den ›Beamtenmodus‹ nach dem Motto ›Keine Experimente‹?«*

Und er kann systemisch fragen:

> *»Wenn Ihnen jetzt Ihr oberster Chef (wichtigster Kunde, Back-Office-Mitarbeiter, Sponsor …) zugeschaut hätte, was würde der zu Ihrer Leistung sagen?«*
>
> *»Wie viel Prozent der von Ihnen eingesetzten Energie investierten Sie in die Zielerreichung und wie viel Prozent in den Erhalt bzw. Aufbau eines positiven Klimas im Team?«*

Doch Vorsicht: Die Gruppe ist »Interaktionsfeld«, nicht »Interpretationsfeld«!

5. Fliegende Bälle

Akteure   6 bis 25 Personen.

Räumlichkeiten bzw. Platzbedarf   Die Beteiligten sollten einen großen Kreis bilden können, wobei von Person zu Person jeweils ein halber, besser jedoch ein Meter Abstand bleiben sollte.

Material
- ❖ 3 kleine Bälle (am besten Tennis- oder Jonglierbälle).
- ❖ Eine Stoppuhr.
- ❖ Schriftliche Instruktion zum Verlesen.

Zeitbedarf   20 bis 30 Minuten.

Charakteristik

Die Gruppe bildet einen Kreis. Drei Bälle werden in einer bestimmten Reihenfolge von Person zu Person geworfen. Dieser Prozess soll unter Einhaltung definierter Regeln optimiert werden. Letztendlich besteht das Ziel darin, im Verlauf mehrerer Versuche die aufgewendete Zeit auf einen Bruchteil zu reduzieren. Dieses *Lernprojekt* lebt von überraschenden Wendungen, wobei implizit getroffene Prämissen infrage gestellt werden und sich nach und nach in Luft auflösen. Es geht darum, sich einerseits innerhalb vorgegebener Eckwerte zu bewegen, dabei jedoch andererseits verdeckte Wege und zugestellte Nischen zu erkennen und produktiv zu nutzen.

Am liebsten setze ich das Projekt bei Teams ein, die in starren Strukturen und steilen Hierarchien verhaftet sind oder die das Arbeiten in flexibleren Strukturen und flacheren Hierarchien kennen lernen sollen – beispielsweise im Rahmen einer Organisationsentwicklungsmaßnahme.

Vorbereitung, Instruktion, Moderation

Die Gruppe sollte im Vorfeld und während des Projekts möglichst präzise instruiert werden. Um unnötige Diskussionen über die verwendeten Formulierungen zu vermeiden, verwende ich seit einiger Zeit einen Text, den ich wortwörtlich vortrage:

> *»Bei diesem Projekt gibt eine Vorbereitungsphase, bei der es darum geht, die Abläufe deutlich zu machen, und eine Durchführungsphase, vor der ich Ihnen dann die Regeln erläutern werde. Bei Letzterer kommt es darauf an, die Aufgabe in kürzester Zeit bei hoher Qualität zu erledigen. Beginnen wir also mit der Vorbereitung: Sie stellen sich im Kreis auf und ich gebe Ihnen jetzt die drei Bälle.«*

Ich gebe die Bälle einem Gruppenmitglied.

> *»Werfen Sie jetzt bitte die Bälle nacheinander zu einem Kollegen Ihrer Wahl. Dieser wirft sie – wieder nacheinander – einem anderen Kollegen zu. Die Bälle gelangen so einmal zu jedem von Ihnen. Der Ablauf ist zu Ende, wenn die Bälle bei der letzten Person angelangt sind.*
> *Sie erleichtern sich den Ablauf, wenn Sie sich merken, von wem Sie die Bälle erhalten haben und wem Sie sie zuwerfen. Sie können, wenn die Bälle bei Ihnen waren, die Hände hinter den Rücken nehmen, dann ist für die Werfer klar, dass Sie schon dran waren.«*

Der Ablauf beginnt jeweils von vorn, wenn eine Person die Bälle ein zweites Mal bekommt. Wenn allerdings Bälle zu Boden fallen, unterbreche ich nicht.

> *»So – nun wird es spannend! Wir kommen zur Durchführungsphase. Hier sind die Regeln, die Sie einhalten müssen:*
>
> ❖ *Die Bälle müssen in der eingeübten Reihenfolge von Person zu Person »gehen«.*
> ❖ *Der Durchlauf ist dann beendet, wenn alle Bälle die letzte Person erreicht haben.*
> ❖ *Sie können mich als Joker einsetzen, wenn Sie das wollen.*
>
> *Das ist – was den Ablauf betrifft – alles. Schätzen Sie nun Ihr Leistungsvermögen ein: Wie lange werden Sie brauchen? Was ist das optimale Ergebnis, das Sie sich vorstellen können?«*

Die Selbsteinschätzung bewegt sich meist – je nach Gruppengröße – im Bereich von etwa 20 Sekunden bis zu einer Minute. Ich merke mir die beiden Extremwerte und frage nun, ob alle fertig sind. Dann nehme ich jeweils die Zeit.

> *»Beginnen Sie bei drei: eins – zwei – drei!«*

Nach jedem Durchlauf frage ich die Gruppe, ob es schneller geht.

Typischer Verlauf Eine erste Verbesserung wird erreicht, indem die Akteure enger zusammenrücken und so das Werfen und Fangen vereinfachen. Deutlich mehr Zeitersparnis bringt dann das Weitergeben der drei Bälle von Hand zu Hand.

Den ersten »Quantensprung« erzielt die Gruppe dann, indem sie den Kreis auflöst und sich in der eingeübten Reihenfolge aufstellt.

Die Bälle werden in einem weiteren Schritt über eine von den Händen der Akteure gebildete schräge Ebene gerollt oder von oben durch einen vertikalen »Hände-Tunnel« gekullert.

Nach meiner Erfahrung ist indes dies die schnellste Methode: Die Gruppe stellt sich – eng aneinander gedrängt – im Halbkreis auf. Die Gruppenmitglieder strecken ihre rechten Hände in die (gedachte) Kreismitte, sodass Handfläche an Handfläche liegt. Der Trainer nimmt – als Joker (siehe oben) – die Bälle und zieht sie schwungvoll mit einer Hand über die Handrücken der Gruppenmitglieder. Die Zeit ist kaum mit der Stoppuhr messbar und liegt wohl bei einigen Sekundenbruchteilen.

Auswertung

Zu Beginn der Auswertung kann der Trainer die prognostizierte mit der beim besten Versuch erreichten Zeit vergleichen. Die Differenz wird in aller Regel eklatant sein. Alsdann ist zu diskutieren, warum die Potenziale so gravierend unterschätzt wurden. Es sind – um es hier vorwegzunehmen – nicht hinterfragte Prämissen oder auch, wie Peter Senge das ausdrückt, unsere »mentalen Modelle«, die uns beschränken und derer wir uns bewusst werden sollten.

Zur Vertiefung dieser Erfahrung eignet sich auch recht gut folgende »Denksportaufgabe«: Verbinden Sie diese neun Punkte mit nicht mehr als vier geraden Strichen!

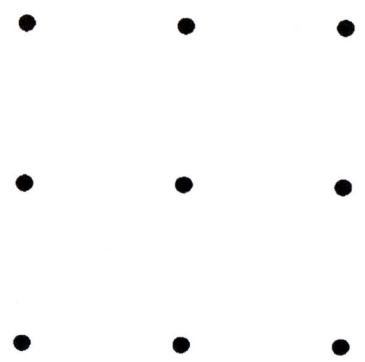

Wer diese Aufgabe nicht kennt, wird Schwierigkeiten haben, auf die »richtige« Lösung zu kommen.

Und hier die Lösung:

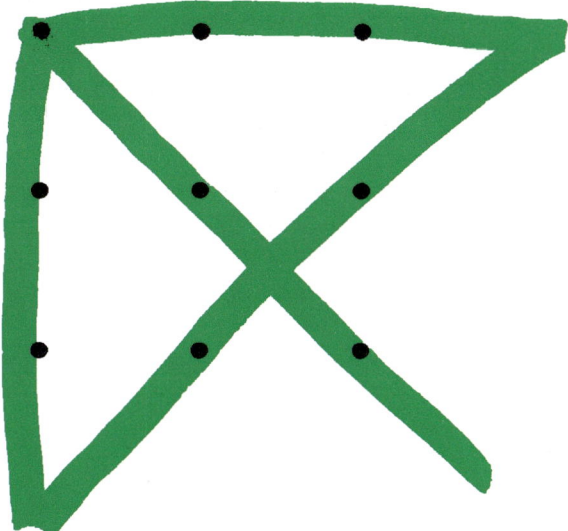

Aber noch mehr überrascht vielleicht, dass es noch viele weitere Möglichkeiten gibt:

❖ Zum Beispiel das Papier so zu falten, dass jeweils drei Punkte übereinander liegen und sich damit leicht verbinden lassen.
❖ Oder einen Pinsel zu nehmen und einen dicken Strich zu ziehen.
❖ Oder die Punkte auszuschneiden und in einer adäquaten Position aufzukleben.
❖ Oder das Papier zusammenzuknüllen und mit einem Stift die Punkte gerade durchzustechen.
❖ Oder (was allerdings etwas umständlich wäre) mit einem Stift zweimal um den Globus zu laufen und dabei eine Linie über die drei Achsen zu ziehen.
❖ Und und und.

6. Knoten knüpfen

Akteure	6 bis 16 Personen.
Räumlichkeiten bzw. Platzbedarf	Je nach Personenzahl sollte pro Team eine Fläche von circa 3 × 3 m zur Verfügung stehen.
Material	❖ 2 Seile oder Wäscheleinen à 10 m. ❖ Ein kurzes Seilstück (Schnur) für den »Musterknoten«. ❖ 4 beschriftete Moderationskarten zur Auswertung.
Zeitbedarf	Sehr unterschiedlich! – Im Durchschnitt etwa eine halbe Stunde.

Charakteristik

Die Mitglieder zweier Teams halten mit ihren Händen je ein Seil fest. In jedes dieser beiden Seile soll ein bestimmter Knoten geknüpft werden, ohne dass die Akteure die Seile loslassen.

Bei kaum einem *Lernprojekt* werden so unterschiedliche Ergebnisse erzielt wie bei diesem. Manche Gruppen lösen die Aufgabe innerhalb weniger Minuten, andere geben nach mehr als einer Stunde entnervt auf. Natürlich sind – wie bei den meisten *Lernprojekten* – mehrere Variationen des Settings möglich. Mir gefällt am besten jene Version, bei der zwei Teams die gleiche Aufgabe lösen, also einen identischen Knoten ins Seil knüpfen sollen.

Mit dem Projekt »Knoten knüpfen« kann eine Vielzahl von Themen gegenständlich und konkret bearbeitet werden. Hier ein Beispiel: Wenn der Trainer das Thema »Wissensmanagement« fokussieren will, kann er bereits bei der Instruktion auf den wichtigen Know-how-Transfer zwischen den beiden Teams hinweisen.

Vorbereitung und Instruktion

Die Gruppe wird in zwei gleich große Teams aufgeteilt. Es spielt dabei keine Rolle, wenn ein Team eine Person mehr an Bord hat als das andere. Der Trainer hat für jedes Team ein Seil parat gelegt. Die Teammitglieder nehmen nun »ihr« Seil in Empfang, wobei jeder das Seil so zu fassen bekommt, dass ein Halbkreis gebildet werden kann.

Den beiden Teams wird ein Musterknoten, der in ein drittes, kurzes Seilstück gebunden wurde, gezeigt. Diesen Knoten sollen sie an einer bestimmten Stelle ins Seil knüpfen. Der Musterknoten darf die ganze Zeit über nicht angefasst werden.

Alle Akteure müssen sowohl während der Planung als auch während der Umsetzung ständig mit beiden Händen das Seil umfassen. Sie dürfen es jedoch durch die Finger gleiten lassen, sodass beispielsweise größere Abstände zwischen den Akteuren gebildet werden können.

Das Projekt ist dann beendet, wenn die definierten Knoten an den vorgegebenen Stellen der Seile vollendet wurden.

Moderation bzw. Intervention

Im Eifer des Gefechts halten sich viele Gruppen nicht an die Regel, dass ständig mit beiden Händen Kontakt zum Seil gehalten werden muss. Besonders die engagierten, manchmal auch exaltierten Akteure gestikulieren, wobei das Seil natürlich hinderlich ist. Ich reagiere meistens nicht darauf, sondern komme erst im Rahmen der Auswertung darauf zurück.

Auswertung

Nach der Aktion, die meistens kurzweilig und erfolgreich, manchmal auch zäh und frustrierend empfunden wird, sollte erst mal »Dampf abgelassen« werden können. Nicht der Kopf, sondern der Bauch kommt also in dieser ersten Phase der Auswertung zum Zuge. Die Fragen des Trainers könnten lauten:

> *»Wie war's?«*
>
> *»Was hat Spaß gemacht, was hat genervt?«*
>
> *»Hatten Sie am Anfang oder im Verlauf Ihrer Anstrengungen das Gefühl, dass Sie Erfolg haben werden oder dass Sie scheitern?«*

Daran anschließend, werden die Akteure aufgefordert, Ihr Verhalten während des Projekts abzubilden, indem sie eine bestimmte Position im Raum einnehmen. Als Bezugspunkte dienen vier definierte Rollen:

❖ Vordenker,
❖ Macher,
❖ Mitmacher,
❖ Skeptiker.

Methodisch funktioniert das folgendermaßen: Der Trainer schreibt die vier Rollen auf Moderationskarten und platziert diese als Eckpunkte eines Quadrats im Raum. Die Akteure haben dann die Aufgabe, Ihr eigenes Handeln und Verhalten während der Aktion einzuschätzen und sich in diesem Koordinatensystem Ihrer Selbsteinschätzung entsprechend aufzustellen.

Der Trainer gibt den Teilnehmenden Zeit, sich ihren Platz zu suchen, und fragt, wenn alle zum Stehen gekommen sind, ob sich jetzt jeder an seinem Platz eingefunden hat. Daraufhin fordert er die Beteiligten auf, sich auf die Positionen der Mitstreiter zu konzentrieren. Er geht dann zu der Person, die am nächsten beim Kärtchen »Vordenker« steht und fragt alle anderen, ob sie die Position auch so sehen oder ob sie einen anderen Akzent setzen würden.

Je nach Feedback wird die Position dann beibehalten oder auch verändert. Entlang der Bezugspunkte »Macher«, »Mitmacher« und »Skeptiker« werden anschließend alle Beteiligten in ihrer Platzwahl bestätigt oder – mit ihrem Einverständnis – ein Stück weit bewegt.

Es macht keinen Sinn, im Anschluss daran über »richtige« Positionen oder falsche Positionen zu diskutieren, denn all dies sind subjektive Wahrnehmungen jenseits objektivierbarer Sachverhalte. Weit produktiver ist meines Erachtens dagegen eine Aussprache über die Zusammensetzung von Teams. Oder zum Beispiel, dass Skeptiker wichtig sind usw.!

7. Von Insel zu Insel

Akteure	6 bis 12 Personen.
Räumlichkeiten bzw. Platzbedarf	Ein großer Seminarraum, langer Gang oder Außengelände. Die Fläche sollte groß genug sein, dass eine Strecke nach der Formel »Personenzahl × 2 = Länge in Meter« markiert werden kann.
Material	❖ 2 Seile oder Schnüre oder auch Klebeband zur Markierung von Start und Ziel. ❖ 10 Teppichfliesen, zugeschnitten auf eine Größe von zirka 20 × 30 cm. ❖ Eine Armband- oder Stoppuhr.
Zeitbedarf	30 bis 45 Minuten.

Charakteristik

Mithilfe einiger Teppichfliesen sollen die Akteure eine markierte Strecke begehen, ohne den Boden zu berühren. Klingt einfach. Ist es aber nicht, da weniger Teppichfliesen als Personen zur Verfügung stehen. Auf Kosten einer kürzeren Gesamtzeit können jedoch Fließen »hinzugekauft« werden.

Ob Zukauf oder nicht: Wohl oder übel müssen die Beteiligten zusammenrücken und sich anfassen, wollen sie die Aufgabe lösen. Zudem heißt es, sich schnell zu entscheiden: mehr Inseln, dafür weniger Zeit, oder wenige Inseln, dafür mehr Zeit. In jedem Fall erfordert dieses Lernprojekt schnelles Denken und entschlossenes Zupacken.

Als »Warming-up« in ein Seminar oder als »Starter« in eine Teamentwicklung würde das Projekt sicher den einen oder die andere überfordern. Ideal kommen seine Potenziale dagegen im Mittelteil von Seminaren oder Workshops zur Geltung. Denn: Die Teilnehmer sollten sich schon ein bisschen auf die Veranstaltung und auf ihre Mitstreiter eingestellt haben.

Vorbereitung und Instruktion

Wie bereits unter »Räumlichkeiten« beschrieben, wird der Start- und Zielpunkt einer Strecke nach der Formel »Personenzahl × 2 = Länge in Metern« markiert. Die erste, dritte, fünfte Person (usw.) der Gruppe erhält eine Teppichfliese ausgehändigt. Eine Gruppe mit elf Teilnehmern kommt so auf sechs Fliesen. Dann werden die Aufgabe und die Regeln, die eingehalten werden müssen, erläutert.

❖ Das Projekt ist erfolgreich beendet, wenn alle Akteure mithilfe der Teppichfliesen den Zielpunkt erreichen, ohne dass jemand von ihnen den Boden berührt. Außer den Fliesen dürfen keine weiteren Hilfsmittel benutzt werden. Springen ist nicht erlaubt.
❖ Bei einem Fehler (ein Teilnehmer berührt den Boden) müssen alle wieder auf den Startpunkt zurück.
❖ Die erste Person darf das Ziel erst dann betreten, wenn die letzte Person bereits auf der Strecke ist.
❖ Die Gesamtzeit beträgt 20 Minuten.
❖ Maximal zwei Teppichfliesen können hinzugekauft werden. Pro Fliese verkürzt sich das Zeitbudget um fünf Minuten.

Moderation bzw. Intervention

Direkt nach Verlesen des Aufgabentextes wird die Stoppuhr gestartet. Danach ist Zurückhaltung angesagt.

Auswertung

Bei diesem Lernprojekt starte ich die Auswertung gerne mit einem individuellen und zugleich simultanen Feedback zu den Themen Leistung, Teamwork und persönliches Wohlbefinden. Und das geht so:

Der Moderator fordert alle Akteure auf zu überlegen, wie sie die Gruppenleistung einschätzen und dies zugleich mit den Fingern einer Hand anzuzeigen. Die Faust, also null Finger ist der schlechteste, fünf Finger der beste Wert. Auf das Kommando: *Eins, zwei, drei!*, wird simultan die Bewertung abgegeben. Die Einschätzungen, die häufig stark differieren, können im Anschluss begründet und diskutiert werden. Mit den Themen Teamwork und Kooperation wird im Anschluss daran auf die gleiche Weise verfahren.

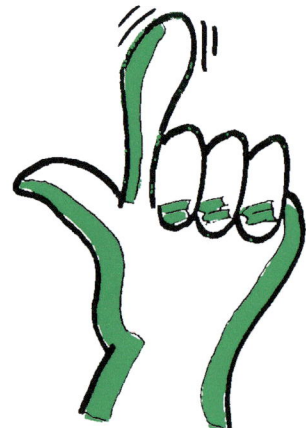

Von besonderem Interesse ist bei »Von Insel zu Insel«, wie sich die Gruppe organisiert:

❖ Wird ein Moderator gewählt, der strukturieren und den Überblick halten soll?
❖ Kristallisiert sich in der Anfangsphase eine informelle Leitfigur heraus, die allgemeine Akzeptanz findet? Oder wird spontan und kreativ, aber auch chaotisch nach Lösungen gesucht?
❖ Schließlich lohnt es sich – so meine Erfahrung –, nach der Qualität zu schauen:
  – Wurden kurze, aber eindeutige Fehltritte registriert und kundgetan?
  – Ging die Gruppe dann – wie die Regeln es vorschreiben – wieder an den Start zurück oder wurde »großzügig« darüber hinweggesehen?

8. Hindernislauf

Akteure 6 bis 12 Personen; 2 bis 3 Controller oder Beobachter.

Räumlichkeiten bzw. Platzbedarf Seminarraum oder Außengelände mit einer unverstellten Fläche von circa 4 × 10 m.

Material
- ❖ Ungefähr 70 bis 100 Gegenstände (Bierfilze, Moderations- oder Spielkarten, Papierbögen, Tischtennisbälle o.Ä.).
- ❖ Seil, Schnüre oder Tesakrepp zur Abgrenzung des Parcours.
- ❖ Augentücher oder Blindbrillen für jeden zweiten Akteur.

Material 45 bis 60 Minuten.

Charakteristik

Die eine Hälfte der Gruppe hat die Augen verbunden. Angeleitet durch je einen sehenden Partner aus der anderen Hälfte der Gruppe sollen diese »blinden« Akteure einen mit zahlreichen Gegenständen übersäten Parcours begehen, ohne diese zu berühren.

Das Projekt stresst im positiven Sinne. Die Beteiligten sind hin und her gerissen zwischen den Polen Konkurrenz und Kooperation sowie Risiko und Vorsicht. Zusätzlich angeheizt wird die Atmospäre durch ein vielstimmiges Durcheinander, das nicht selten in lustvoll-kreatives Chaos mündet. Eigentlich käme es bei diesem Projekt auf »sustainability« (Nachhaltigkeit) an. Hautnah und unmittelbar stellen sich die Fragen: Behalten die Lotsen auch auf dem letzten Meter die Nerven und dirigieren sie ihre Partner sicher und ohne Flüchtigkeitsfehler ins Ziel? Wie verkraften die »blinden« Orientierungsläufer das Stimmengewirr? Lassen sie sich verunsichern oder halten sie Kurs?

Wenn nach der Mittagspause das »Suppenkoma« um sich greift, also die von allen Trainern so gefürchtete wohlig-schläfrige Stimmung alles einzulullen droht, dann ist der »Hindernislauf« die richtige Waffe, die Gruppe (und sich selbst) wieder in Schwung zu bringen. Bedenken Sie, dass das Projekt meist viel Lautstärke produziert und dass damit Unbeteiligte gestört werden könnten.

Vorbereitung und Instruktion

Eine Fläche von etwa 2,5 m × 8 m wird durch Seile, Schnüre oder Klebestreifen abgegrenzt. Anschließend werden die Gegenstände in dem so gebildeten Parcours verteilt. Zwei oder drei Freiwillige übernehmen das Controlling. Sie sind Teil des Teams, agieren jedoch weder als Läufer noch als Lotsen, sondern sind für die Qualität und die Sicherheit verantwortlich. Auf letzteren Aspekt weist sie der Trainer – während die Akteure planen – besonders hin: Sie greifen ein, wenn sich jemand mit der Augenbinde unwohl fühlt oder wenn ein Orientierungsläufer zu dynamisch agiert und damit sich selbst bzw. andere gefährdet.

Die Instruktion der Akteure erfolgt mündlich:

»Ihre Aufgabe ist es, ›blind‹ diesen Parcours von Stirnseite zu Stirnseite zu begehen, ohne die ausgelegten Gegenstände zu berühren. Wenn Sie eine Seitenlinie oder einen Gegenstand berühren, nehmen Sie die Augenbinde ab und starten – dann wieder mit angelegter Augenbinde – von vorn. Jeder von Ihnen hat einen Partner, der ihn führt. Bitte suchen Sie sich jetzt einen Partner.«

Der Partner darf seinen »blinden Läufer« weder berühren, noch darf er den Parcours betreten. Wenn der Läufer das Ziel erreicht hat, wechseln die Rollen: Der Läufer wird zum Lotsen, der Lotse zum Läufer.

Das Ziel ist, dass alle in möglichst kurzer Zeit und mit möglichst wenig Fehlern den Parcours komplett begehen. Die Controller sind für die Qualität zuständig, ahnden also etwaige Fehler und greifen bei Sicherheitsproblemen ein.

Moderation bzw. Intervention

Eigentlich greife ich nur bei zwei Situationen ein:

❖ wenn ich den Eindruck habe, dass die physische oder psychische Sicherheit nicht gewährleistet ist und die Controller nicht intervenieren;
❖ wenn die Gruppe aufgrund von schlechter Planung oder anderen Aspekten im Verlauf der Aktion Fehler über Fehler produziert und das Chaos überhand nimmt.

Ansonsten halte ich mich zurück; insbesondere bei Qualitätsfragen lasse ich mich nicht in die Schiedsrichterrolle drängen (»Das war doch keine Berührung und wenn, dann hat sie niemand gesehen, oder?«).

Auswertung

Zu Beginn sollten sich die Partner gegenseitig Feedback geben können:

❖ Wie waren die beiden ambivalenten Gegenpole Vertrauen und Vorsicht entwickelt?
❖ Hätte die Führung energischer oder lockerer, die Anweisung präziser oder weniger detailverliebt sein können?

Bei der weiteren Auswertung setze ich gerne auf Einzelarbeit: Alle Akteure, auch die Controller, erhalten je ein DIN-A3-Zeichenblatt. Buntstifte und Wachsmalkreiden liegen zur Auswahl bereit. Die Erläuterung dazu lautet dann ungefähr so:

> »Ziehen Sie sich für 15 Minuten in eine ruhige Ecke zurück und malen Sie ein Skizze über die Zusammenarbeit in diesem Projekt. Es kommt nicht darauf an, ein schönes Bild zu malen. Sie sollen vielmehr mithilfe von Symbolen, wie zum Beispiel Wolken, Blitzen, Wegweisern, Strichmännchen usw., Ihre Sicht des Geschehens auf das Papier bringen. Sie können die Skizze auch als einen »öffentlichen Spickzettel« verwenden, der Ihnen später die Stichworte zur Rückschau liefert.«

Wieder zurück im »Plenum« stellen alle nacheinander Ihre Exponate vor. Bei der Präsentationsrunde werden nur Nachfragen zugelassen. Anschließend können dann die verschiedenen Bilder, die sich die Beteiligten konstruierten, miteinander verglichen, interpretiert und diskutiert werden.

9. Zweimal fünf Ecken

Akteure

10 bis 25 Personen; zwei bis drei Beobachter.

Räumlichkeiten bzw. Platzbedarf

Bei einer kleineren Gruppe von bis zu 15 Personen eignet sich ein großer Seminarraum. Bei trockenem und nicht so kaltem Wetter und vor allem, wenn die Gruppe größer ist, verlegt man das Projekt am besten ins Freie: auf eine Wiese, Asphaltfläche oder Ähnliches. Einzige Bedingung ist, dass keine Hindernisse (Bäume, Pfosten etc.) im Wege stehen.

Material

❖ Je ein Seil pro Gruppe. Die Mindestlänge in Metern kann ganz einfach mithilfe der Formel »Anzahl der Akteure × 2,5« errechnet werden. Beispiel: Für eine Kleingruppe mit fünf Personen benötigt man ein Seil mit einer Länge von mindestens 12,50 m.
❖ Augentücher oder Blindbrillen für alle Akteure.
❖ Eine Stoppuhr.
❖ Ein Maßband oder Zollstock zum Nachmessen der Toleranzen.
❖ Klemmbretter, Papier, Stifte und eventuell vorbereitete Leitfragen für die Beobachter.
❖ Eventuell ein Videorekorder oder eine Digitalkamera: Da alle Akteure während der Durchführungsphase blind sind, ist eine filmisch oder fotografisch gestützte Auswertung besonders eindrucksvoll.

Zeitbedarf

Insgesamt 1 bis $1^1/_2$ Stunden.

Charakteristik

Zwei Kleingruppen erhalten identische Aufgaben: Die Akteure sollen »blind«, also durch Augenbinden oder zugeklebte Brillen in ihrer Wahrnehmung eingeschränkt, je ein Seil zu einem gleichseitigen Mehreck auslegen. Und: Alle Ecken müssen durch Personen besetzt werden.

Indes: Die Zahl der Akteure in den jeweiligen Kleingruppen reicht nicht aus, alle Ecken abzudecken. Die beiden Kleingruppen müssten also über Teamgrenzen hinweg zusammenarbeiten und so Synergieeffekte nutzen.

Was passiert, wenn alle die Augen verbunden haben und niemand mehr den »Durchblick« hat? Meist regiert das Chaos: Klare und unmissverständliche Absprachen werden ignoriert, einige schnell Frustrierte kündigen innerlich und ziehen sich schmollend zurück. Und vor allem, niemand will die Führungsrolle übernehmen. »Zweimal fünf Ecken« fasziniert mit einer an sich simplen Aufgabenstellung und einer für alle Akteure »verdunkelten Welt«, in der man sich auf ungewohnte Weise orientieren muss.

Vorbereitung und Instruktion

Vor Beginn sind die schriftlichen Aufgabenbeschreibungen (siehe Text in *kursiv* weiter unten) auf die Größe der beiden Kleingruppen abzustimmen: Ein Team mit fünf Personen soll ein Sechseck, eines mit sechs Personen ein Siebeneck, eines mit sieben Personen ein Achteck – usw. – produzieren.

Als Erstes weist der Moderator alle Beteiligten in das Ziel des Projekts ein: Zwei Teams müssen vorgegebene Aufgaben erfüllen. Beide Teams haben 15 Minuten Planungszeit. Während der Durchführung sind allen Akteuren die Augen verbunden.

Zwei beziehungsweise drei Personen sollen das Geschehen beobachten und Sicherungsaufgaben wahrnehmen. »Übrig bleiben« sollte dann eine gerade Zahl von Akteuren, die mit den Aufgaben konfrontiert werden. Die Gruppe wird in zwei gleich große Teams geteilt. Die beiden Teams sollen sich – in gebührendem Abstand voneinander – zusammenfinden.

Der Moderator übergibt die folgenden Aufträge den beiden Gruppen:

> *»Sie haben die Aufgabe, mit einem Seil, das Sie nach Ihrer Planungszeit erhalten, ein gleichseitiges …eck zu bilden und dieses am Boden auszulegen. Abweichungen von höchstens 10 cm zwischen längster und kürzester Seite werden akzeptiert. Die Ecke, in der die beiden Seilenden zusammenkommen, soll mit der Spitze in Richtung Süden zeigen. Jede Ecke ist mit einer Person zu besetzen. Bedenken Sie, dass niemand von Ihnen während der Aktion etwas sehen kann.*
>
> *Beginnen Sie nun mit der Planung. Sie haben dazu 15 Minuten Zeit.«*

Nach Ablauf der Planungszeit erhalten die beiden Teams Ihre Augenbinden beziehungsweise Blindbrillen und legen diese an. Wenn alle »blind« sind, übergibt der Moderator den beiden Teams jeweils ein Seil. Jetzt kann es losgehen.

Aufgaben der Beobachter

Da bei diesem Projekt allen Akteuren die visuelle Wahrnehmung verwehrt wird, ist es notwendig, die Sicherheit der beiden Teams von außen zu gewährleisten. Die Beobachter sind vom Moderator also bereits im Vorfeld auf diese Rolle vorzubereiten. Mindestens ein Beobachter betreut also ein Team und achtet insbesondere darauf, dass es ihr Spielfeld, also die hindernislose Fläche, nicht verlässt und dass sich niemand aus dem Team irgendwo anstößt.

Besondere Beobachtungskriterien vergebe ich nicht bei diesem Projekt. Eine eventuell eingesetzte Kamera kann durch einen Beobachter bedient werden, der keine Sicherheitsaufgaben wahrzunehmen hat.

Moderation bzw. Intervention

Nur wenn sich ein Team oder gar beide vollkommen »verfransen«, kann es sinnvoll sein, die Aktion einzufrieren und mit gezielten, aber knappen Hinweisen eine strategische Neuausrichtung eines oder beider Teams anzuregen – die Augenbinden dürfen dabei natürlich nicht abgenommen werden. Ob man als Moderator interveniert oder nicht, hängt im Übrigen in erster Linie vom jeweiligen Gruppenprozess ab.

Eine Schlüsselsituation erfordert große Aufmerksamkeit vom Moderator: Wenn alle Akteure nichts mehr sehen können, übergibt er – wie beschrieben – die Seile. Sie sollten vorher sauber »aufgeschossen« worden sein (wie Alpinisten sagen), das heißt, in gleich langen Schlaufen, gebündelt übergeben werden können, sodass sie sich nicht gleich in unentwirrbare Knäuel verwandeln.

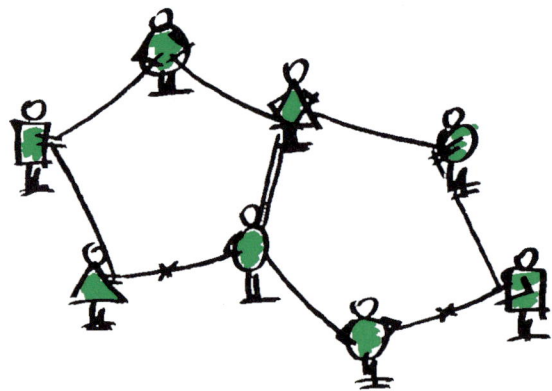

Auswertung

Nach den Berichten der Beobachter erhalten die beiden Kleingruppen den Auftrag, der jeweils anderen Gruppe eine oder mehrere Skulptur(en) zu ihrem Planungs- und Produktionsprozess zu präsentieren. Darauf sollten Sie sich für 10 bis 15 Minuten in separaten Räumen vorbereiten können. Folgende Anhaltspunkte können ihnen dabei von Trainerseite mit auf den Weg gegeben werden.

Die Skulpturen werden aus den Körpern der Akteure »geformt«, die

- ❖ sich beispielsweise so zueinander aufstellen, wie sie ihre Zusammenarbeit erlebt haben,
- ❖ in theatralischen Positionen verharren, womit die Führenden, Denker, Außenseiter etc. widergespiegelt werden,
- ❖ den Kontakt und die Art der Zusammenarbeit mit der Parallelgruppe thematisieren, indem deren Akteure in die Skulptur mit einbezogen werden,
- ❖ usw.

Dieses körperlich-gegenständliche Intermezzo, das nicht selten in ironischer Weise überhöht und vielleicht sogar kabarettistisch verfremdet wird, regt an und entkrampft und bildet somit eine gute Basis für die weitere Aussprache.

AL – GL – MA

10. Triangel

Akteure	6 bis 12 Personen; 1 bis 3 Beobachter.
Räumlichkeiten bzw. Platzbedarf	Die Steuerungsgruppe sollte nicht in die »Werkstätte« der Produzenten blicken können. Deshalb benötigt man einen größeren Seminarraum, in den man mit Pinnwänden einen Sichtschutz baut, oder zwei kleinere Räume, die durch eine Tür verbunden sind. Bei trockenem Wetter geht man am besten ins Freie, etwa an die Ecke eines Gebäudes.

Material

- ❖ Ein Seil von einer Länge von circa 10 Metern.
- ❖ 2 bis 5 Augentücher oder Blindbrillen (je nach Gruppengröße).
- ❖ 3 Wäscheklammern.
- ❖ Klebeband, Schnüre oder Kreide zum Abgrenzen der Arbeitsflächen der drei Gruppen.
- ❖ Eine Stoppuhr.
- ❖ Ein Maßband oder Zollstock zum Nachmessen der Toleranzen.
- ❖ Klemmbretter, Papier, Stifte und eventuell vorbereitete Leitfragen für die Beobachter.

Zeitbedarf 1 bis $1^1/_2$ Stunden.

Charakteristik

Der Moderator erteilt als »Kunde« einer »Steuerungsgruppe« den Auftrag, aus einem Seil ein Dreieck formen zu lassen, das bestimmte Qualitätsstandards erfüllt. Mit ausschließlich nonverbalen Mitteln soll dieser Auftrag an eine »Koordinationsgruppe« kommuniziert werden. Die Koordinatoren dürfen sprechen und geben das, was sie verstanden haben an ein »Produktionsteam« weiter. Die Produzenten sind wiederum nur eingeschränkt handlungsfähig, da ihnen die Augen verbunden sind. Innerhalb eines bestimmten Zeitrahmens sollen sie den »Triangel« fertig stellen.

Vorausschauend denken und handeln, die eigenen Prämissen überprüfen, Hindernisse überwinden und einfühlend informieren, auch wenn die Lage unübersichtlich ist – das sind nur einige der Anforderungen, mit denen die Beteiligten an diesem *Lernprojekt* konfrontiert werden. Top down, buttom up: Die Chefs sollten sich auf die Produktionsbedingungen in den Werkstätten einstellen können, die produzierende Basis in die Zwänge der Führungsetage. Und dazwischen steht, in der bekannten Sandwich-Position, das mittlere Management.

»Triangel« kann unglaubliche Aha-Effekte erzielen. Wenn Führungskräfte einmal die Seiten tauschen und sich von ungeduldigen Koordinatoren wie Marionetten an der Schnur herumdirigieren lassen müssen, werden sie eigene Versäumnisse erkennen.

Vorbereitung und Instruktion

Als Erstes werden die Arbeitsflächen der drei Parteien so abgegrenzt, dass sie in etwa den gleichen Abstand zueinander haben. Zwischen Steuerung und Produktion darf keine Sichtverbindung bestehen.

Dann werden die Rollen verteilt: Steuerung, Koordination und Produktion. Jede Crew sollte aus zwei oder drei Personen bestehen. Die übrigen Personen fungieren als Beobachter. Insbesondere bei einem Teamtraining sollte der Trainer anregen, dass die Führungskräfte nicht unbedingt leitende Rollen einnehmen.

Anschließend führt der Trainer die Gruppen zu ihren Arbeitsflächen, die diese erst dann wieder verlassen dürfen, wenn sie aus seinem Mund die Parole »The Game is over« hören. (Diese Information ist wichtig, da Koordination und Produktion häufig meinen, das Projekt sei beendet, während der »Kunde« noch mit den »Chefs«, das heißt der Steuerungsgruppe, verhandelt.)

Das Projekt wird gestartet, indem der Trainer aus seiner Rolle als Moderator in die Rolle des Kunden schlüpft und Kontakt zur Steuerungsgruppe aufnimmt. Er übergibt den folgenden schriftlichen Auftrag:

»Ihre Produktionsgruppe hat das bereitliegende Seil an den beiden Enden zu verknüpfen und daraus ein gleichseitiges Dreieck zu formen.

Die drei Ecken sind mit jeweils einer der ebenfalls bereitgelegten Klammern zu markieren. Die Seiten sollen genau gleich lang sein, als Toleranz wird maximal +/– 10 cm akzeptiert.

Sie haben jetzt die Möglichkeit, Fragen an den Auftraggeber zu stellen, können dann drei Minuten miteinander – nicht jedoch mit den Koordinatoren – planen (dürfen dabei leise sprechen) und haben anschließend 15 Minuten Zeit, das Projekt umzusetzen.

Während dieser Umsetzungszeit dürfen Sie nur nonverbal kommunizieren, keine Hilfsmittel benutzen und nicht das ›Handalphabet‹ verwenden.«

Mit dem »Handalphabet« ist die vor allem bei Kindern beliebte Methode gemeint, Buchstaben mit den Fingern oder Händen zu bilden und damit stumm zu kommunizieren.

Nach der Übergabe des Auftrags wechselt der Trainer zur Produktionsgruppe, übergibt jedem Teilnehmer ein Augentuch oder eine Blindbrille und lässt sie ihre Augen verbinden. Er weist darauf hin, dass sie ihre Binden erst abnehmen dürfen, wenn sie aus seinem Mund die Parole *The Game is over!* vernehmen. Wenn alle Produzenten »blind« sind, legt er in deren Arbeitsfläche das Seil und die drei Wäscheklammern ab, sodass diese von den Koordinatoren gesehen werden können.

Auf etwaige Fragen der Produzenten und Koordinatoren, wann es denn endlich losginge, geht er nicht ein. Seine Ansprechpartner als Kunde und Auftraggeber sitzen ja in der Steuerungsgruppe. Und diese wird dann vom Trainer nach den drei Minuten Planungszeit noch einmal aufgesucht. Wenn keine Fragen mehr offen sind, startet der Trainer das Projekt mit den Worten *Zeit läuft!*

Beobachtungs-aufgaben

Ideal wäre es, wenn die Beobachter bereits einige Zeit vor Beginn des Projekts sowohl den Auftragstext als auch die folgenden Leitfragen durcharbeiten könnten und sich Struktur und Ablauf vom Trainer erklären ließen. Denn es braucht schon einige Takte Nachdenkens, bis man alles verstanden hat.

Moderation bzw. Intervention

Hier die Leitfragen:

❖ Wurden alle nötigen Informationen vollständig kommuniziert oder blieben Dinge »auf der Strecke«?
❖ Wussten Steuerungsgruppe und Produktionsgruppe von den Behinderungen (keine Sprache bzw. kein Augenlicht) der jeweils anderen?
❖ Hielten die Koordinatoren die ganze Zeit über Kontakt zu beiden Seiten?
❖ Wurden alle Ressourcen genutzt?
❖ War das Arbeitsklima positiv und motivierend?
❖ Wie war das Zeitmanagement? Ist das Zeitbudget ausgeschöpft worden?
❖ Wie ging die Steuerungsgruppe mit dem Kunden/Auftraggeber um?

Der Trainer sollte sich – wenn möglich – auf seine Rolle als Kunde/Auftraggeber beschränken. Eine Intervention ist allerdings dann notwendig, wenn die Regeln (Einhalten der zugewiesenen Spielfelder, ausschließlich nonverbale Kommunikation, »Blindheit« der Produktionsgruppe) verletzt werden.

Ich persönlich nehme nach ungefähr zehn Minuten und kurz vor Ende der Projektlaufzeit in meiner Rolle als Kunde Kontakt zur Steuerungsgruppe auf und frage nach dem Stand der Dinge: *Ich ging gerade an Ihren Werkstätten vorbei. Besonders weit sind Sie ja noch nicht, oder? Wird denn das Produkt überhaupt rechtzeitig fertig?*, lauten dann zum Beispiel die Fragen. Auf die häufig gestellte Rückfrage der Steuerungsgruppe, wie lange man denn noch Zeit hätte, antworte ich – je nach Situation manchmal auch barsch und genervt –, dass das Zeitmanagement ja wohl ihre Sache wäre. Mein Startsignal wäre doch akzeptiert worden, oder!?

Nach den 15 Minuten Laufzeit muss die Steuerungsgruppe dann Farbe bekennen: Der Kunde (Trainer) betont, dass ihm die genauen Maße des Dreiecks wichtig wären, und fragt, ob diese in der vorgeschriebenen Toleranz eingehalten wurden. Lässt sich die Steuerungsgruppe nun irritieren und versichert sie sich bei den Koordinatoren – immer noch nonverbal natürlich – oder bekräftigt sie nach dem Motto »Augen zu und durch« die Einhaltung der geforderten Toleranz. Natürlich kann die Steuerungsgruppe mit dem Kunden auch einen Zeitaufschub aushandeln und dieser denkt sich als Ausgleich für die Verzögerung eine Zusatzleistung aus.

Dann heißt es *The Game is over!* und Steuerer sowie Koordinatoren werden in die »Produktionsstätte« gebeten. Der Trainer verliest dann den Wortlaut des Auftrags, der der Koordinations- und Produktionsgruppe ja noch nicht bekannt ist und misst die Seitenlängen des Dreiecks aus.

Auswertung

Um den Überblick zu behalten, empfiehlt es sich, dass die drei Gruppen und die Beobachter in ihren Konstellationen im Stuhlkreis jeweils nebeneinander sitzen.

Die erste Runde und damit die obligate Nabelschau des *Wie war's?* beginnt sinnvollerweise mit den Statements der Produzenten. Es folgen die Koordinatoren und die Steuerer. Der Trainer achtet darauf, dass alle Akteure ausreden können und dass keine Diskussion entsteht. Es folgen die Berichte der Beobachter und das Feedback der Beobachtenden dazu.

Bei einer nachfolgenden Analyse können folgende Aspekte im Vordergrund stehen (der Trainer sollte – wenn möglich – »mitvisualisieren«):

❖ War den Steuerern bewusst, dass die Produzenten blind sind? Wussten umgekehrt die Produzenten vom Problem der Steuerer, dass sie nicht sprechen konnten? Wie wirkte sich das eventuelle Nicht-Wissen aus? (Die Koordinatoren informieren in den seltensten Fällen entsprechend, was dazu führt, dass sich Steuerung und Produktion gegenseitig der Unfähigkeit verdächtigen.)

❖ Wann wurde der Liefertermin kommuniziert? Wie wirkte sich eine eventuelle späte Bekanntgabe desselben aus?

❖ Wie wurden innerhalb der Gruppen die verschiedenen Aufgaben verteilt? Oder gestikulierten Steuerer und redeten Koordinatoren durcheinander, was zu zusätzlichen Irritationen führte?

❖ Traute man den Produzenten, obwohl sie blind waren, auch eigene Ideen zu oder wurden sie wie Marionetten geführt? Und umgekehrt: Entwickelten die Produzenten Eigeninitiative oder ließen sie alles willig mit sich geschehen?

❖ Hielt die für das Gelingen des Projekts verantwortliche Steuerungsgruppe auch in der Schlussphase Kontakt zu den Koordinatoren oder gab sie die Verantwortung ab nach den Motto: »Die werden schon machen. Wir haben alles Menschenmögliche getan!«

Bei der Auswertung dieses *Lernprojekts* fallen häufig Sätze wie »*Das lief jetzt genauso wie bei uns im Unternehmen!*«. Mit einem Brainstorming lässt sich der Transfer der Lernerfahrungen in den betrieblichen Alltag vielleicht noch etwas intensivieren: Alles was sich als unzutreffende Prämisse herausgestellt hat, was von den Akteuren versäumt wurde, was unzureichend kommuniziert wurde, wird in positive Handlungspostulate übersetzt und – wenn möglich unkommentiert – auf einer zusätzlichen Pinnwand festgehalten.

RL – GL – MA

11. Ein Glas Wasser

Akteure	7 bis 12 Personen.
Räumlichkeiten bzw. Platzbedarf	Seminarraum oder Fläche von mindestens 6 × 6 m (besser 8 × 8 m).

Material

- ❖ 2 kleine Eimer (Fassungsvermögen 2 bis 5 Liter).
- ❖ Ein Glas, gefüllt mit Wasser.
- ❖ Eine Teppichfliese oder Ähnliches.
- ❖ 4 Schnüre (3 bis 6 mm stark).
- ❖ Ein Fahrradschlauch.
- ❖ Eine Schere.
- ❖ 4 Paar Arbeitshandschuhe.
- ❖ Seile, Schnüre oder Klebebänder zur Markierung eines Kreises mit einem Durchmesser von 4 m bis 6 m.
- ❖ Schriftliche Aufgabentexte für den Direktor und die Beobachter.
- ❖ Klemmbretter und Stifte für die Beobachter.
- ❖ Eine Stoppuhr.

Zeitbedarf   1 bis $1^1/_2$ Stunden.

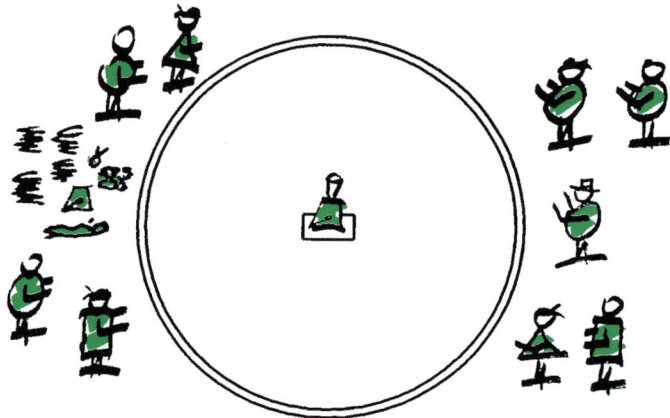

Charakteristik

Die Aufgabe lautet, unter schwierigen äußeren Bedingungen ein Glas, gefüllt mit Wasser, aus einer Zone zu bergen, die nicht betreten werden darf. Die handelnden Akteure sind dabei »blind«, werden indes von einem »Direktor« und vier »Supervisoren« geführt.

Seinen Reiz bezieht das Projekt daraus, dass der eine Teil der Gruppe den »Durchblick« hat, aber nicht Hand anlegen darf, während der andere Teil nichts sieht, jedoch den praktischen Teil des Jobs erledigen muss. Und dies erfordert Präzisionsarbeit. Denn nur dann, wenn in der entscheidenden Schlussphase des Projekts alles stimmt, lässt sich das Wasserglas ohne Verluste von A nach B transportieren.

Wenn Führungskräfte die Rollen der vier »blinden Operatoren« übernehmen müssen, empfinden sie das in der Regel für sich als eine Art Rosskur. Etwas erleichtert wird ihnen der Part dann, wenn Direktion und Supervision sich in die Lage der Operatoren einfühlen können und diese umsichtig und sensibel informieren. Meist bindet jedoch – wie im »richtigen (Arbeits-)Leben« – die Sachebene alle Energie und die Operatoren werden wie austauschbare Werkzeuge behandelt. Aber genau das macht dieses Projekt so interessant.

Vorbereitung

Mithilfe eines Seiles, Klebebandes oder einer Schnur wird ein Kreis mit einem Durchmesser von mindestens vier Meter, besser noch sechs Meter markiert. Dieser stellt die »verbotene Zone« dar. In ihrer Mitte platziert man auf einer Teppichfliese einen umgedrehten Eimer. Darauf wird ein zylindrisches Glas, das mit Wasser gefüllt ist, gestellt.

Der zweite Eimer steht außerhalb des Kreises bereit. An ihm kann ein noch zu entwickelndes Hebewerkzeug erprobt werden.

Instruktion

Die zu vergebenden Rollen sind:

❖ Direktor (1 Person),
❖ Supervisoren (2 bis 4 Personen),
❖ Operatoren (4 Personen).

Alle übrigen Personen nehmen Beobachtungsaufgaben wahr.

Wenn die Rollen verteilt sind wird der schriftliche Aufgabentext dem Direktor übergeben. Er lautet:

> *»Sie haben die Aufgabe, das Glas Wasser aus dem Kreis bergen zu lassen. Folgende Regeln müssen dabei eingehalten werden:*
>
> ❖ *Die abgegrenzte kreisrunde Fläche darf weder von einer Person noch von einen Eimer berührt werden. Die Teppichfliese darf nicht verschoben werden.*
> ❖ *Als Hilfsmittel zur Bergung haben Sie diese vier Schnüre, den Fahrradschlauch und die Schere zur Verfügung. Verwenden Sie keine weiteren Dinge.*
> ❖ *Die Hilfsmittel dürfen während der Bergung nur von den Operatoren benutzt werden. Dabei tragen sie obligatorisch die Augenbinden sowie die bereitgelegten Arbeitshandschuhe.*
> ❖ *Das Wasserglas darf weder von Ihnen noch den Operatoren berührt werden. Auch die Hilfsmittel dürfen nicht mit dem Wasserglas in Kontakt kommen.*
> ❖ *Das Projekt ist erfolgreich beendet, wenn das Glas auf einer horizontalen Fläche außerhalb des Kreises zum Stehen kommt und kein Wasser verschüttet wurde. Gescheitert ist es dann, wenn das Glas umkippt oder zu Boden fällt.*
> ❖ *Insgesamt haben Sie 45 Minuten Zeit. Wenn Sie keine Fragen mehr haben, können Sie beginnen.*

Die meisten Gruppen schneiden den Fahrradschlauch in einen oder mehrere Streifen und binden diese/n zusammen. Anschließend fixieren sie die Schnüre so daran, dass sie den Eimer mittels kräftigem gleichmäßigen Zug mit dem Gummi umschließen und ihn samt Glas außerhalb des Kreises »in Sicherheit« abstellen können. Die Arbeitshandschuhe verhindern Verletzungen an den Handinnenflächen der Operatoren, wenn fest an den Schnüren gezogen wird.

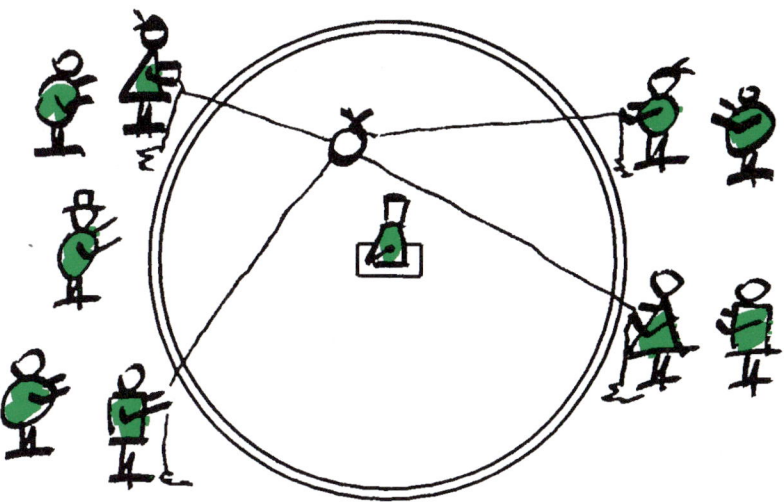

Beobachtungs-aufgaben

Der interessanteste Aspekt an diesem Lernprojekt ist aus meiner Sicht die Beziehung zwischen den Supervisoren und Operateuren. Eben darauf kann ein Schwerpunkt in der Beobachtung gelegt werden:

❖ Wie werden die Operatoren vom Direktor und den Supervisoren in die Informationsklärung, Planung und Vorbereitung einbezogen?
❖ Wie verhalten sich die Operatoren in der Planungs- und Vorbereitungsphase? Sind sie engagiert, wissbegierig, versuchen sie, eigene Ideen beizusteuern, sind sie passiv oder gehen sie gar in die innere Emigration?
❖ Welche positiven und negativen Rückmeldungen geben Direktion und Supervisoren während der Bergungsaktion an die Operatoren weiter?
❖ Was passiert unmittelbar nach Ende des Projekts (bei erfolgreichem Abschluss bzw. Scheitern)? Wessen und welche Leistung wird am meisten gewürdigt bzw. entwertet?

**Moderation bzw.
Intervention**

Die Regeln sind eigentlich unmissverständlich formuliert, allerdings gibt es immer Spielräume für Interpretationen. Ich persönlich vermeide die Rolle des unbeugsamen Schiedsrichters, der den Rahmen definiert, und bin meist recht offen für kreative Lösungen, bei denen Schlupflöcher erkannt und genutzt werden.

Interventionen sind bei diesem Projekt kaum notwendig. (Wenn jedoch die Operatoren die Bergung ohne Handschuhe angehen wollen, muss der Moderator sofort eingreifen.) Regelverstöße sollten für die Auswertung dokumentiert werden.

Die Gesamtzeit ist recht knapp bemessen. In den meisten Fällen verlängere ich den Zeitkorridor, wenn die Gruppe auf dem Weg ist, die vorgegebenen 45 Minuten jedoch nicht einhalten kann.

Auswertung

Wenn im Verlauf der Bergung jeweils ein Supervisor mit einem Operator zusammengearbeitet hat, dann bietet es sich an, dass sich diese in einer ersten Runde gegenseitig Feedback geben. Die Feedback-Regeln finden Sie im Anhang auf Seite 128.

Anschließend berichten die Tandems im Plenum, was aus ihrer Sicht gut und was weniger gut gelaufen ist.

Nun sind die Beobachter mit ihren Berichten an der Reihe. Interessant ist der Vergleich Ihrer Statements mit denen der Akteure. Wie die Gruppe mit Leistungsanforderungen, Qualität, Zeitdruck und einem eventuellen Misserfolg umgeht, kann in einer abschließenden Runde erörtert werden.

FK – OCR

12. Eins bis dreißig

Akteure

10 bis 16 Personen; 1 bis 3 Beobachter.

Räumlichkeiten bzw. Platzbedarf

Zwei Seminarräume oder ein großer Seminarraum und ein Vorraum oder Gang. Unter freiem Himmel: eine freie Fläche; zum Beispiel eine Wiese mit einer Mindestgröße von cirka 15 × 25 m.

Material

❖ 4 Seile, Schnüre oder Bänder à 15 bis 20 m zur Abgrenzung der drei Aktionskreise und des Steuerungsbüros.
❖ Arm- oder Stirnbänder in vier Farben für alle Akteure.
❖ 27 Kärtchen (Bierdeckel, Pappkartons, Spielkarten o.Ä.) in vier Farben mit Nummern zwischen 1 und 30 (drei Nummern existieren nicht!).
❖ Aufgabentexte für Steuerungsgruppe, Controlling und Beobachter.
❖ Klemmbretter und Stifte für Trainer und Beobachter; eventuell ein Diktiergerät für den Trainer.
❖ Eine Stoppuhr.

Zeitbedarf

$1\frac{1}{2}$ bis 2 Stunden.

Charakteristik   Die »Außendienstmitarbeiter« eines Projektteams müssen verschiedenfarbige nummerierte Objekte, die in unübersichtlichen so genannten »Aktionskreisen« in scheinbar beliebiger Manier angeordnet sind, unter Einhaltung bestimmter Regeln abschlagen. Es geht einerseits um Schnelligkeit, andererseits um hohe Qualität.

»Eins bis dreißig« hat viele Gesichter. Das Projekt kann leidenschaftlichen Einsatz und große Dynamik entfachen oder auch Desinteresse und Fragen wie »Was soll das eigentlich?« hervorrufen. Der etwas dröge Verwaltungsapparat eines kommunalen Referats etwa, den ich damit konfrontierte, konnte wenig damit anfangen. Ganz anders das neu formierte Team eines renommierten Beratungsunternehmens: Voller Begeisterung stürzten sich die Consultants in das Szenario und entwickelten den Ehrgeiz, einen neuen Rekord aufzustellen.

Anders als bei den meisten in diesem Buch beschriebenen Projekten ist bei »Eins bis dreißig« kein klares Ziel definiert. Erreicht werden soll ein Ergebnis, mit dem die Gruppe leben kann. Sie selbst definiert ihr Ziel und orientiert sich dabei, ganz im Sinne eines Benchmarkings an Top- und Durchschnittsresultaten, die andere Gruppen bei vergleichbaren Bedingungen erzielten. Aufgrund dieser Vorgaben eignet sich dieses Projekt ganz hervorragend als Fühl- und Messinstrument für die Team- oder Gruppenkultur, aber auch zur Bewertung ihrer Einstellung in Bezug auf Leistung und Erfolg.

Vorbereitung   Der Moderator wählt als Steuerungsbüro einen separaten Raum aus oder begrenzt einen solchen durch Schnüre, Seile oder Kreidestriche. Die drei Aktionskreise werden in einiger Entfernung vom Steuerungsbüro – ebenfalls durch Schnüre o.Ä. gebildet. In die drei Aktionskreise kommen – bunt gemischt und beliebig verteilt – 27 Karten in vier unterschiedlichen Farben.

Instruktion   Als Erstes werden die Rollen vergeben. Zu besetzen sind:

❖ Projektverantwortliche im Steuerungsbüro: 2 Personen.
❖ Außendienst: 6 bis 16 Personen.
❖ Beobachter: 1 bis 3 Personen.

Der Außendienst bezieht seine Ausgangsposition im Steuerungsbüro und erhält vom Moderator keine weiteren Instruktionen. Den Projektverantwortlichen händigt er etwas abseits von »ihren« Mitarbeitern den Aufgabentext aus. Spätestens jetzt, besser jedoch schon ein paar Minuten vorher, erhalten auch die Beobachter den Aufgabentext.

»Projekt ›Eins bis dreißig‹

Sie haben die Aufgabe, farbige Karten, die in drei von Seilen umfassten Aktionskreisen liegen, in einer bestimmten Reihenfolge abzuschlagen (= berühren). Das Ziel ist, dies in möglichst kurzer Zeit, mit möglichst hoher Qualität (Einhaltung der Regeln) zu erreichen. Folgende Bedingungen gelten:

❖ *Zwei Personen sind verantwortlich für das Projekt; sie dürfen während der Versuche das Steuerungsbüro nicht verlassen. (Das Steuerungsbüro ist Ihr momentaner Standort.)*

❖ *Alle anderen Personen – der Außendienst – erhalten je eine Armbinde (Stirnband). Außerhalb des Steuerungsbüros muss diese getragen werden.*

❖ *Sie können entweder insgesamt drei Versuche unternehmen oder eine Gesamtzeit von 45 Minuten nutzen. Die Stoppuhr wird jeweils gestartet, wenn eine Person das Steuerungsbüro verlässt. Sie wird angehalten, wenn alle Personen wieder im Steuerungsbüro sind.*

❖ *Die Karten sind nummeriert (Zahlen zwischen 1 und 30); ihre Lage darf nicht verändert werden. Sie müssen in aufsteigender Reihenfolge abgeschlagen werden.*

❖ *An bzw. in den Aktionskreisen gilt als Regel, dass jeder Akteur nur »seine« Farbe abschlagen darf (zum Beispiel: Akteur mit gelbem Band schlägt gelbe Karte) und dass sich nur jeweils ein Akteur in einem Aktionskreis aufhalten darf.*

❖ *Bitte teilen Sie in zehn Minuten dem Auftraggeber mit, welche Zeit Sie sich für Ihren besten Versuch vornehmen. Im Anschluss daran wird die Gesamtzeit (siehe oben) gestartet.*

❖ *Wie im »richtigen (Arbeits-)Leben« können diese Bedingungen mitunter unpräzise formuliert sein. Erschwerend kommt hinzu, dass der Auftraggeber mit weiteren Erläuterungen zurückhaltend ist und ins Geschehen eingreift, wenn ihm etwas nicht passt. Immerhin bedient er die Stoppuhr und gibt Auskunft über die Zeitdauer Ihrer Versuche.*

Zum Vergleich: Der Rekord beträgt 1:15 (1 Minute, 15 Sekunden) und null Fehler. Der Durchschnitt liegt momentan bei 3:37 Minuten und fünf Fehlern.

Viel Erfolg!

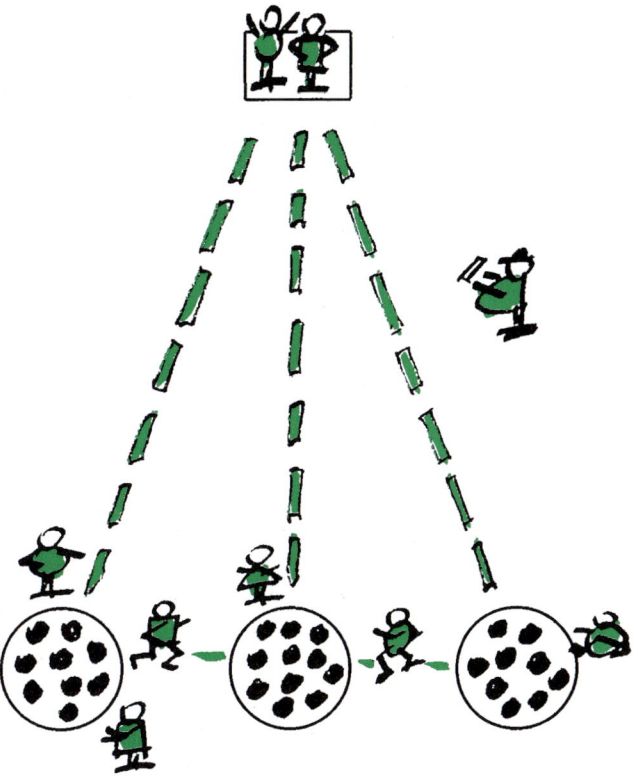

Beobachtungs-aufgaben

Wenn zwei oder drei Beobachter nominiert wurden, können sowohl das »Steuerungsbüro« als auch die »Aktionskreise« ohne hektische Platzwechsel »observiert« werden. Ich gebe den Beobachtern nur einen kurzen Input und beschränke mich dabei meist auf drei Beobachtungsaufgaben:

❖ Wie werden die Informationen von den Steuerern gesichtet, bewertet und an den Außendienst kommuniziert? Wie war die Rollenverteilung während der Planung?
❖ In den Kreisen liegen nur 27 und nicht 30 Karten. Wird nun hektisch nach den drei fehlenden Karten gesucht? Oder wird der Umstand als Flüchtigkeitsfehler des Moderators abgebucht, anstatt zu erkennen, dass die Formulierung »Zahlen zwischen 1 und 30« nicht unbedingt eine Gesamtzahl von 30 Karten bedingt?
❖ Konzentrieren Sie sich auf Regelverletzungen! Dokumentieren Sie diese und beobachten Sie, wie Steuerer und Außendienst damit umgehen?

Moderation bzw. Intervention

Die Vorgabe »entweder drei Versuche oder 45 Minuten« eröffnet einen eigentlich unbegrenzten Zeitkorridor: Während eine Gruppe in vielleicht zwanzig Minuten lustlos ihre drei Versuche herunterspult, »opfert« eine andere den ersten Versuch zum Check der Aktionskreise, legt dann einen zweiten auf Zeit hin und versucht diesen Leistungsnachweis nach einer Stunde Feinplanung zu übertreffen. Genau das hat die oben erwähnte Consultant-Crew getan. Für den Moderator bedeutet das, zeitliche Reserven einzuplanen, aber auch mit einer sehr kurzen Aktionszeit zurechtzukommen.

Besonders engagierte Gruppen sprinten zu den Aktionskreisen. Wenn sich dies in der Vorbereitung abzeichnet, sollte der Moderator in einer »Auszeit«, die nicht angerechnet wird, Aufwärm- und Dehnungsübungen »verordnen«.

Bei Regelverstößen greife ich grundsätzlich nicht ein. Es ist allerdings sinnvoll, diese zu dokumentieren, um sie in der Auswertung zu thematisieren.

Auswertung

Das Lernprojekt »Eins bis dreißig« ist – wie eingangs angedeutet – besonders geeignet zur (Selbst-)Diagnose der Gruppe in Bezug auf ihre Einstellung zu Leistung und Erfolg sowie zu ihrem Zeit- und Qualitätsmanagement.

In der Anfangsrunde sollte indessen – ohne analytischem Tiefgang – die emotionale Seite im Vordergrund stehen.

Die Steuerer haben das erste Wort: Sind sie mit dem Resultat zufrieden? Wie ging es ihnen bei Übergabe des Aufgabentextes? Wie empfanden sie die Beziehung zu ihren Außendienstmitarbeitern? Anschließend spiegeln die Akteure des Außendienstes zurück, was sie positiv und negativ während Vorbereitung und Durchführung empfanden.

Es folgen die Berichte der Beobachter und eine Aussprache. Im Mittelpunkt davon kann zum Beispiel die schon erwähnte Introspektion, also der Blick nach innen, in die Kultur der Gruppe stehen. Hier ist auch die Außensicht des Moderators gefragt!

Ein zweiter interessanter Aspekt ist das Führungshandeln der beiden Steuerer: So können diese für sich je drei Personen aus dem »Außendienst« auswählen, die ihnen gezielt Feedback geben. Anders als im vorhin vorgestellten *Lernprojekt* »Triangel« sind dabei alle anderen Beteiligten als Zuhörer anwesend.

Wenn der Moderator eine solche, eher formalisierte Methode vorschlägt, sollte er die Feedback-Regeln (siehe Anhang) in Kurzform auf einem Flip-chart parat haben. Außerdem ist es für die Feedback-Geber hilfreich, wenn sie eine Struktur vorgegeben haben. So können als Eckpunkte festgesetzt werden:

❖ höchstens drei Minuten,
❖ eine positive Rückmeldung,
❖ eine kritische Rückmeldung,
❖ ein Wunsch für die Zukunft (im Seminar bzw. im beruflichen Alltag).

Nach Empfang des Feedbacks fragt der Moderator den jeweiligen Adressaten ob das für ihn bzw. sie so okay ist, unterbindet allerdings Rechtfertigungsversuche.

13. Der Baum ist das Ziel

Akteure

6 bis 40 Personen; eventuell 1 bis 3 Beobachter.

Räumlichkeiten bzw. Platzbedarf

Das *Lernprojekt* »Der Baum ist das Ziel« wird – wie der Name schon sagt – meist unter freiem Himmel eingesetzt: Ein kleines Wäldchen, ein Park oder eine Wiese mit Büschen, Bäumen oder anderen festen Bezugspunkten eignen sich gut als Handlungsfeld. Es kann jedoch auch in einem größeren Gebäudekomplex realisiert werden. Voraussetzung ist allerdings, dass sich die Teilnehmer dabei wohl fühlen, mit Tüchern um ihren Köpfen in der »Öffentlichkeit« umherzutasten.

Wenn 25 oder mehr Personen teilnehmen, sollte ein großes Gelände (Park, Wäldchen oder Wiese mit einer Fläche von mindestens 1 ha Größe) oder ein großer Gebäudekomplex zur Verfügung stehen, da dann mehrere Teams gebildet werden, die verschiedene Strecken zu begehen haben. Bei einer kleinen Gruppe von nicht mehr als 10 Personen reicht eine Streckenlänge von 30 bis 50 m aus.

Material

- ❖ Augentücher oder Blindbrillen für alle Teilnehmer.
- ❖ Markierungen für die Start- und Treffpunkte sowie das Ziel (Seile, Schnüre o.Ä.; eventuell eine Glocke für den Zielpunkt).
- ❖ Eine Stoppuhr.
- ❖ Klemmbretter, Papier, Stifte und eventuell vorbereitete Leitfragen für die Beobachter.
- ❖ Flipchart- oder Pinnwand-Papier und Stifte für jedes Team.

Zeitbedarf

Insgesamt $1^3/_4$ bis $2^1/_2$ Stunden. (10 bis 20 Minuten Streckenbegehung und Instruktion, 30 bis 45 Minuten Planung, 30 bis 45 Minuten Durchführung; Auswertung nach Bedarf.)

Charakteristik

Mit verbundenen Augen soll die Gruppe einen im Vorfeld definierten Ort finden: zum Beispiel einen bestimmten Baum in einem Park oder eine Tür in einem großen Gebäude. Die beteiligten Akteure müssen von einem ebenfalls definierten Startpunkt aus eine verhältnismäßig lange Wegstrecke bewältigen. Sie können gemeinsam – sehend – planen, das heißt, sich die Strecke einprägen, und sollen daran anschließend – blind – das Ziel erreichen.

Das *Lernprojekt* »Der Baum ist das Ziel« ist eine in vielerlei Hinsicht herausfordernde Gruppenaufgabe. Kommentare wie »Das ist unmöglich!« oder »Hat das schon mal eine Gruppe geschafft?« sorgen meist schon bei der Einführung durch den Trainer für Spannung. Da die beteiligten Personen auch körperlich engen Kontakt halten müssen und unmittelbar vor und während der »Blindphase« eine hohe Intensität entsteht, eignet es sich hervorragend zum »Teambuilding«.

Sicherheit

Die Räumlichkeiten sind mit Bedacht auszuwählen und sorgfältig auf mögliche Risiken hin abzuklären: Steile Böschungen und Felsabbrüche sollten ebenso gemieden werden wie Stacheldrähte und dichtes Unterholz. In Gebäuden müssen vor allem Treppen und deren Geländer genau inspiziert werden. Alle Beteiligten – Akteure, Beobachter und Trainer – sollten feste Schuhe mit Profilsohle tragen!

Vorbereitung und Instruktion

Ich beziehe mich hier auf eine Gruppengröße von 12 bis 16 Personen: Die Gruppe wird in zwei Teams von 6 bis 8 Personen geteilt. Die Trainer zeigen den Teams ihre Startplätze, die jeweils etwa 30 bis 50 m von einem Treffpunkt entfernt sind. Dieser Punkt, an dem die beiden Teams aufeinander treffen sollen, wird dann zusammen besichtigt. Von hier aus haben die Teams dann noch eine Strecke von 10 bis 20 m bis zum Zielpunkt gemeinsam zu bewältigen.

Bei größeren Gruppen können sich die dann gebildeten Teams – vom Ziel aus betrachtet – kaskadenförmig verzweigen, sodass letztlich drei Teilstrecken zu absolvieren sind. In der Natur sind die Strecken – je nach Gelände – tendenziell kürzer, in Gebäuden eher länger zu wählen.

Die beiden Teams werden instruiert, dass das Projekt dann erfolgreich beendet ist, wenn alle Beteiligten unter Beachtung der folgenden Regeln am Ziel angelangt sind:

❖ Die Planungszeit beträgt … (30 bis 45 Minuten).
❖ Die Durchführungszeit beträgt … (30 bis 45 Minuten).
❖ Im Gelände bzw. in den Räumlichkeiten darf nichts verändert werden. Zum Beispiel dürfen keine Äste in ihrer Lage verändert und so als Markierungspunkte genutzt werden.
❖ Es dürfen keine Hilfsmittel benutzt werden. Zum Beispiel dürfen keine Kleidungsstücke zu einer Wäscheschlange gebunden werden, an der man sich dann entlanghangeln kann.

Wenn der Schwierigkeitsgrad erhöht werden soll oder das Gelände relativ einfach ist, kann folgende Regel hinzugefügt werden:

❖ Niemand darf sprechen oder Geräusche von sich geben, bevor nicht alle Akteure den Meetingpoint erreicht haben. (Ein Trainer hebt dann das Sprechverbot auf, wenn alle am Meetingpoint sind.)

Unmittelbar vor Beginn der Aktion sollte noch einmal separat darauf hingewiesen werden, dass bei der Planung und Durchführung die Sicherheit aller an erster Stelle stehen muss. Wenn sich jemand unsicher fühlt, kann er oder sie mit einem »Stopp«-Ruf alle Bewegungen der Mitstreiter einfrieren.

Beobachtungs-aufgaben

Vor der Ortsbegehung und Einführung in das Projekt können auf freiwilliger Basis Beobachter eingesetzt werden, die auch Sicherungsfunktionen übernehmen. Insbesondere dann, wenn mehrere Einzelteams agieren, sollte jedes dieser Teams von mindestens einem Trainer oder Beobachter begleitet werden. Gefahrensituationen (tief hängende Äste; ein Team, das sich verirrt hat und in unsicheres Gelände gerät) können damit entschärft werden.

Leitfragen erleichtern den Beobachtern die Arbeit. Andererseits wird damit ein unbefangenes Wahrnehmen eingeschränkt.

Wenn man als Trainer den Fokus auf bestimmte Perspektiven lenken will, hilft ein Kriterienkatalog wie der folgende:

❖ Wie gehen die Teilnehmer *mit der Aufgabe* um? – Strategisch, pragmatisch, zupackend, chaotisch …

❖ Wie gehen die Teilnehmer *miteinander* um? – Hören einander zu, lassen den anderen aussprechen, agieren wertschätzend oder …

❖ Wie werden die Ideen einzelner von der Gruppe aufgenommen?

❖ Welche Rollen werden eingenommen? – Zum Beispiel Macher, Koordinator, Vordenker, Unterstützer, Skeptiker …

❖ Wie werden Entscheidungen getroffen? – Einstimmig, mehrheitlich, nach Konsens, nach dem Durchsetzungsvermögen einzelner; zügig, langsam …

❖ Wechselte die Stimmung während der Aktion? – Ernst, heiter, ausgelassen, gelangweilt, verbissen, angespannt …

Moderation bzw. Intervention

Insbesondere dann, wenn mehrere Teams involviert sind, halte ich mich mit Interventionen zurück. Das fällt nicht immer leicht, da Zwischenmarken oft um wenige Zentimeter verfehlt werden, was zur Folge haben kann, dass sich Teams vollkommen verlaufen. Die Beobachter sind nach meiner Erfahrung besonders »anfällig«, spontan Hilfen zu geben. Ich versuche, sie auf ihre Beobachter- und Sicherungsrolle einzuschwören und von weiter gehenden Interventionen abzuhalten.

Wenn die vorgegebene Durchführungszeit um ist und das Ziel noch in weiter Ferne liegt, sollten die Trainer das Projekt abbrechen. Natürlich gehört Fingerspitzengefühl dazu, den richtigen Zeitpunkt zu erwischen. Persönlich habe ich gute Erfahrungen damit gemacht, die Teams (mit)entscheiden zu lassen, ob sie weitermachen oder aufgeben wollen. Dieser Entscheidungsprozess ist aus gruppendynamischer Sicht oft sehr interessant und kann in der Auswertung aufgegriffen werden.

Auswertung   Nach den ersten spontanen Statements und der Erleichterung der Akteure, von den Augenbinden befreit zu sein, können die Teams – angeleitet durch die sie begleitenden Trainer und Beobachter – »ihre« Strecken zurückverfolgen.

Sie erhalten dann Flipchart-Bögen oder Pinnwand-Papier und Stifte, um zusammen eine grobe topografische Skizze oder einen Grundriss mit der gelaufenen Strecke zu zeichnen. Darauf sollen sie dann alle kritischen Punkte und bedeutsamen Situationen durch Symbole bezeichnen (Blitz, Wolken, Wegweiser, Sackgasse, Stoppschild usw.).

Mithilfe der Skizze werden dann die aus der Sicht der Teams wichtigen Ereignisse den Kollegen des bzw. der anderen Teams vorgestellt. Unterschiedliche Perspektiven respektive Beobachtungen über gemeinsam zurückgelegte Teilstrecken sind die Ausgangspunkte für eine Diskussion über die Sicht der Dinge.

PL – GL – MA

14. Teamwork *live!*

Akteure

10 bis 20 Personen; 2 bis 3 Beobachter.

Räumlichkeiten bzw. Platzbedarf

Zwei bis drei Seminar- oder Tagungsräume, die möglichst nicht aneinander angrenzen.
Wenn das Szenario ins Freie verlegt wird, sollten drei Plätze gewählt werden, die keine Sichtverbindung zueinander haben. Ideal wäre es zudem, wenn die Plätze jeweils mindestens 50 m voneinander entfernt lägen.

Material

❖ Kreide oder Tesakrepp zur Markierung der Prozessfläche.
❖ 10 Teppichfliesen, Pappteller o.Ä. in zwei Farben.
❖ Aufkleber mit den Bezeichnungen »VA« und »FB«.
❖ Schriftliche Aufgabentexte für die Führungscrew, die Beobachter und gegebenenfalls das Controlling.
❖ Klemmbretter und Stifte für die Beobachter.
❖ 2 Funkgeräte oder ersatzweise Haus- bzw. Mobiltelefone.
❖ Eine Stoppuhr.

Zeitbedarf

2 bis 2$^{1}/_{2}$ Stunden

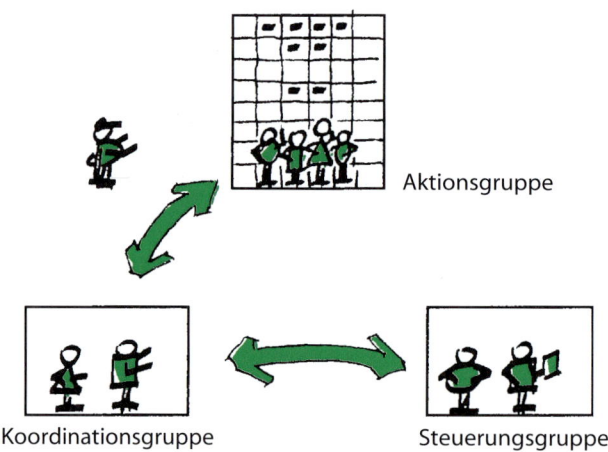

Aktionsgruppe

Koordinationsgruppe

Steuerungsgruppe

Charakteristik Stark verkürzt lautet der Auftrag so: Eine kleine Führungscrew bekommt von einem Kunden eine ziemlich komplexe, zum Teil auch schwer verständliche Aufgabe. Die Mitarbeiter dieser Führungscrew sollen auf einer für sie (die Führungskräfte) nicht einsehbaren »Prozessfläche« ein definiertes Ziel erreichen. Die Kommunikation läuft per Mobiltelefon oder Funkgerät via zwischengeschalteter Koordinationsgruppe, womit quasi drei Hierarchieebenen abgebildet sind, die in einem engen Abhängigkeitsverhältnis stehen.

Der Titel ist Programm! Wie sich Teams und vor allem ihre Führungskräfte das Leben schwer machen (können), das wird mit diesem Projekt schonungslos aufgedeckt. Dabei ginge es so einfach, wenn man sich von alten Denk- und Verhaltensschemata ein wenig lösen könnte.

»Teamwork *live!*« ist kein leicht verdauliches Häppchen für Zwischendurch und taugt auch nicht als krönender Schlussakkord eines Seminars. Etwas frustriert, aber geläutert brachte es ein Bankdirektor auf den Punkt: »Ich würde manches, wenn nicht alles anders machen beim nächsten Mal!« Wer als Trainer nicht nur den »Spaßfaktor« als Messlatte nimmt, sondern auch mit der »Ästhetik des Scheiterns« etwas anfangen kann, für den ist dieses Szenario richtig. Es löst eigentlich immer viele Emotionen aus und entfacht lebhafte Diskussionen.

In jedem Fall wäre es günstig, wenn zwei Trainer als Moderatoren verfügbar wären.

Vorbereitung Noch vor der Veranstaltung sollten die Aufgabenbeschreibungen auf die voraussichtliche Zahl der Akteure abgestimmt und die Aufkleber mit den Bezeichnungen »VA« und »FB« auf die Teppichfliesen bzw. Pappbecher geklebt werden. Doch dazu später.

Mit Bedacht sind die Räumlichkeiten beziehungsweise Orte der handelnden Parteien zu wählen. Wie oben beschrieben, sollten diese ein Stück voneinander entfernt liegen und auf keinen Fall Sichtkontakt zueinander zulassen. Die folgende Grafik zeigt, wie die Prozessfläche markiert werden muss und wie die »FB's« und »VA's« (siehe oben) darauf platziert werden. Die Kästchen sollten eine Kantenlänge von mindestens 50 cm haben.

Instruktion

	VA	VA	VA	VA	
		FB	FB		
		FB	FB		
		FB	FB		

Als Erstes werden die verschiedenen Rollen vergeben:

❖ Steuerungsgruppe: 2 Personen.
❖ Koordinationsgruppe: 2 bis 3 Personen.
❖ Aktionsgruppe: 3 bis 6 Personen.
❖ Controlling: 1 bis 3 Personen (vor allem bei Gruppengrößen von 15 und mehr Personen sinnvoll).
❖ Beobachter: 2 bis 3 Personen.

Steuerungs-, Koordinations- und Aktionsgruppe werden wie folgt zu ihren Plätzen geführt:

❖ Die Steuerungsgruppe wird darauf hingewiesen, dass sie den zugewiesenen Raum bzw. die definierte Fläche nicht verlassen darf.
❖ Die Koordinationsgruppe erhält ihren Platz mit den Worten »Das ist Ihr ›Büro‹« zugewiesen. Die Formulierung »Büro« lässt den Spielraum, dasselbe auch zu verlassen.
❖ Die Mitglieder der Aktionsgruppe beziehen ihre Positionen auf der ersten Reihe der Prozessfläche, müssen diese aber noch nicht gleich einnehmen.

Controlling und Beobachter können gemeinsam instruiert werden: Beide Gruppen bekommen die schriftliche Aufgabenstellung ausgehändigt. Die Controller sind darauf hinzuweisen, dass sie nur für die Einhaltung der Regeln auf der Prozessfläche zuständig sind und bei Regelverstößen eingreifen sollen. Die Beobachter sind natürlich frei in ihrer Ortswahl, können sich auf die Plätze bzw. Gruppen aufteilen und sich auch während des laufenden Szenarios miteinander abstimmen.

Es folgt nun der Text, der natürlich nur der Steuerungsgruppe und nicht der Koordinations- und Aktionsgruppe ausgehändigt wird:

Teamwork live!

Vorbemerkung:
Wie im »richtigen (Arbeits-)Leben« ist dieser Text mitunter recht unpräzise formuliert. Erschwerend kommt hinzu, dass der Auftraggeber mit weiteren Erläuterungen zurückhaltend ist und ins Geschehen eingreift, wenn ihm etwas nicht passt. Wie auch immer: Am besten Sie behandeln den Auftraggeber so wie einen Ihrer Kunden.

Organisatorischer Rahmen:
Sie, die Mitglieder der Steuerungsgruppe, dürfen diesen Raum nicht verlassen. Diese Informationsblätter wurden nur Ihnen als Projektverantwortliche ausgehändigt. Die Blätter dürfen nicht kopiert werden und müssen stets für Sie greifbar sein. Ihnen und der Koordinationsgruppe stehen Funkgeräte (Mobiltelefone) zur Verfügung, sodass Sie sich absprechen können.

Aufgabe:
Die Mitglieder der Aktionsgruppe – im folgenden AGs genannt – stehen in der Prozessfläche an definierten Positionen. Sie als Steuerungsgruppe haben die Aufgabe, die AGs durch die Prozessfläche zu bewegen, bis diese die letzte Reihe erreicht haben (auf beigefügter Grafik ist dies die oberste Reihe) und dort im »sicheren Hafen« angelangt sind. Das Ziel ist, die AGs auf dieser Reihe zu platzieren. (Wenn Sie einen AG ins Ziel bringen ist das ein gutes Ergebnis, zwei AGs wären sehr gut, drei AGs konnten bislang noch von keinem Team durchgebracht werden.)

Bedingungen:

Auf der Prozessfläche stehen bereits sechs »Feste Blöcke« (FBs) und vier »Variable Agenten« (VAs). FBs sind fix, also ortsfest, und die Felder, die sie belegen, können nicht von AGs oder VAs genutzt werden. VAs sind mobil und können AGs schlagen, indem sie auf dem Feld landen, auf dem ein AG gerade steht. Die AGs können aber auch die VAs aus der Prozessfläche werfen.

VAs können ein Feld in jede Richtung gehen (wie der König beim Schach). AGs können zwei Felder in eine Richtung und dann ein Feld im rechten Winkel dazu gehen (wie der Springer im Schach). Die FBs können nur von den AGs übersprungen werden.

Auf jedem Feld darf immer nur jeweils ein AG bzw. ein VA bzw. ein FB stehen. AG und VA ziehen abwechselnd; ein AG macht den ersten Zug. Die VAs werden durch einen Trainer gezogen. Sie (die VAs) sind schwer auszurechnen. Mal gehen sie freiwillig aus dem Weg, manchmal jedoch schlagen sie zu.

Ablauf:

Wenn Sie keine Fragen mehr haben, können Sie beginnen. Insgesamt haben Sie 45 Minuten Zeit. Viel Erfolg!

Auf einem zweiten Blatt ist die Prozessfläche wie folgt abgebildet:

	VA	VA	VA	VA	
		FB	FB		
		FB	FB		
		FB	FB		
	AG	AG	AG	AG	

Unbedingt anpassen: Zahl der AGs in der unteren Reihe = Personenzahl der Aktionsgruppe!

Ungefähr drei Minuten nach Übergabe des Aufgabentextes stellt sich der Moderator etwaigen Fragen der Steuerungsgruppe, wartet auf eine Lücke im Fluss der Fragen und startet mit den Worten *Zeit läuft!* seine Stoppuhr.

Moderation bzw. Intervention

Wenn zwei Trainer das Szenario begleiten, macht es Sinn, dass ein Trainer die Federführung übernimmt und vor sowie während der Aktionsphase alle Fragen beantwortet (um unnötige Widersprüche zu vermeiden), während der andere ihm zuarbeitet und das Ziehen der VAs übernimmt.

Nicht immer einfach ist die Doppelrolle als federführender Moderator: Einerseits ist man Spielleiter, andererseits Auftraggeber. Wichtig ist, die Akteure nicht im Unklaren zu lassen, welchen Hut man gerade auf hat: den des vielleicht unbequemen, nervigen Kunden oder den des (hoffentlich) umsichtigen Spielleiters.

Noch zehn Minuten! Die Steuerungsgruppe wird vom Moderator kurz vor Ablauf über die verbliebene Zeit informiert. Das Szenario pünktlich abzubrechen ist nicht immer die beste Lösung. Es kann durchaus Sinn machen, einige Minuten zuzugeben und die Positionskämpfe der VAs noch ein wenig laufen zu lassen.

Auswertung

Nach einem längeren Projekt kann zwischen Aktion und Reflexion eine Kaffeepause eingeschoben werden, um die Gemüter abzukühlen. Das bringt allerdings auch Nachteile mit sich: Ein Teil der Auswertung geschieht dann informell bei Kaffee und Kuchen und in der anschließenden formellen Reflexion muss die Spannung erst wieder aufgebaut werden.

Jedenfalls sollten die Akteure der verschiedenen Teams beisammensitzen. So lassen sich die verschiedenen Kommunikationsstränge besser rekonstruieren. Da weder die »Aktionisten« noch die Koordinatoren den Aufgabentext kennen, sollte dieser in einem ersten Schritt vorgelesen werden.

Ich greife gerne auf die Methode »Reflektierendes Team« zurück, um dieses sehr komplexe *Lernprojekt* nachzubearbeiten. Ausgangspunkt des »Reflektierenden Teams«, das mitunter auch »Aquarium« genannt wird, bildet ein »Außenkreis« und ein »Innenkreis« von Stühlen. Im »Innenkreis« nehmen die Mitstreiter der Aktionsgruppe Platz, während alle anderen Beteiligten auf ihren angestammten Stühlen im »Außenkreis« sitzen bleiben.

Die »Aktionisten« bekommen sodann die Aufgabe, das *Lernprojekt* intern nachzubesprechen und dabei so zu tun, als wären sie dabei alleine und würden nicht beobachtet. Im Anschluss daran sind die Koordinatoren und dann die Steuerer mit der gleichen Vorgabe an der Reihe. Als Moderator sorgt man dafür, dass nur der Innenkreis Rederecht hat und etwaige Kommentare des »Außenkreises« sofort gestoppt werden.

Mit dem »Reflektierenden Team« können mitunter erstaunliche Wirkungen erzielt werden: Vermeintlich abgeschottet, wagen manche Protagonisten, Dinge beim Namen zu nennen, die sie in einer offenen Runde nie zum Besten geben würden – einfach weil die Retourkutsche auf dem Fuße folgt. Es kann sich dann eine Eigendynamik entwickeln, bei der manche bislang mühsam unter der Decke gehaltenen Wahrnehmungen, Bewertungen und Urteile ausgebreitet werden.

Auf der anderen Seite kann die Methode auch unfaire Anspielungen und en passant geäußerte Abwertungen provozieren und so Personen im »Außenkreis« verletzen. Der Moderator muss also auf der Hut sein und in der abschließenden offenen Runde auf etwaige Krisen, die entstanden sind, reagieren.

»Teamwork *live*« schürt Emotionen, zerrt an den Nerven der Beteiligten, geht unter die Haut. Und es ist zuallererst die Aktion selbst, die nachhaltig wirkt. Das sollte man nie vergessen. Insofern achte ich darauf, dass die Auswertung zum richtigen Zeitpunkt, das heißt: nicht zu spät, beendet wird. Eine ausufernde, in Seitenthemen mäandernde Schlussrunde entwertet das Szenario. Das sollte vermieden werden.

Großgruppen – Mikrowelten aufdecken

15. Vehikelbau

Akteure   Ungefähr 18 bis 50 Personen; mindestens 3 Beobachter.

Räumlichkeiten bzw. Platzbedarf   Mehrere Seminarräume oder großes Außengelände.

Material
- ❖ Schriftliche Aufgabentexte für jedes Team und die Beobachter.
- ❖ Klemmbretter und Stifte für die Beobachter.
- ❖ Eine Stoppuhr.
  Und für jedes Team werden benötigt:
- ❖ Bretter mit verschiedenen Bohrungen, Planken, Stangen, Stoffe, Schnüre, Fahrradklingeln, Luftballons etc. (Anzahl, Form, Größe, Material etc. sollten exakt gleich sein für jedes Team!).

Zeitbedarf   3 bis 5 Stunden.

Charakteristik

Ein »virtuelles« Unternehmen soll einem Kunden aus vorgegebenen Teilen mehrere Vehikel liefern, die identische Funktionen erfüllen müssen. Die Krux dabei ist, dass kleine Teams ohne Sichtkontakt zueinander die Vehikel bauen müssen und nur über Koordinatoren kommunizieren können. Nach der Konstruktions- und Bauaktion werden die Gefährte dem Kunden präsentiert.

Zugegeben: Es ist etwas aufwendig, all das geforderte Material für den »Vehikelbau« zu beschaffen. Aber wenn erst mal alles organisiert ist, hat man sich für alle künftigen Seminare und Workshops eine wertvolle und schnell umsetzbare Lernsequenz geschaffen. Was Peter Senge so anschaulich als »Mikrowelt« bezeichnet, wird mit diesem Projekt auf exemplarische Weise in eine gegenständliche Form gegossen. Das Resultat ist ein Szenario für größere Gruppen mit viel Dynamik an unterschiedlichen Schauplätzen.

Der »Vehikelbau« bietet ein ideales Lernfeld für mehrere Teams, die – etwa nach einer Umstrukturierung – eng zusammenarbeiten und kontinuierlich ihr Know-how austauschen sollen. An sich gibt es für die Teilnehmerzahl keine Obergrenze. Der Seminar- bzw. Workshop-Charakter ginge allerdings verloren, wenn zu viele oder zu große Teams gebildet würden.

Vorbereitung

Jedem Team muss ein eigener Raum oder – wenn das Projekt ins Freie verlegt wird – separater Platz zur Verfügung gestellt werden. Die Baumaterialien für die Vehikel werden dort in gleicher Anzahl, Größe, Form, Beschaffenheit etc. für die einzelnen Teams bereitgelegt. Ein zentraler Raum oder Platz, der von den Räumen der Teams nicht eingesehen werden kann, dient als Treffpunkt für die Koordinatoren.

Instruktion

Wenn die Teams nicht bereits feststehen, werden diese aus den beteiligten Personen gebildet. Sie sollten aus fünf bis maximal zehn Personen bestehen. Falls bestehende Teams größer sind, ist es sinnvoll, diese zu teilen.

Jedes Team bestimmt einen internen Beobachter, der nicht ins Geschehen eingreift.

Folgender Aufgabentext wird dann den Teams übergeben:

Vehikelbau

Sie erhalten den Auftrag, eine innovative Produktserie zur Förderung der Mobilität in der Postmoderne zu entwickeln. Aufgrund von Kapazitätsengpässen sind die Vorgaben sehr eng. ... Teams entwickeln und produzieren an verschiedenen Orten je ein Vehikel, wobei zu beachten ist:
- ❖ *Die Vehikel sollen – soweit wie möglich – identisch sein.*
- ❖ *Alle Gegenstände müssen integriert werden.*
- ❖ *Wenn man an einer Schnur am Vehikel zieht, soll ein identisches Geräusch zu hören sein.*
- ❖ *Die Vehikel sollen eine Person sicher über eine Strecke von wenigstens zehn Metern transportieren können.*

Rahmenbedingungen:
Die Teams dürfen während der gesamten Planungs- und Konstruktionszeit ihre Produktionsstätten nicht verlassen. Lediglich ein Delegierter pro Team trifft sich an einem zentralen Punkt mit den Delegierten der anderen Teams. Sie dürfen dabei weder Papier und Schreibzeug, noch Gegenstände und Zeichnungen mitnehmen bzw. vom Treffpunkt zurückbringen.
- ❖ *Die Gesamtzeit am zentralen Treffpunkt ist auf 20 Minuten beschränkt.*
- ❖ *Am zentralen Treffpunkt wird die Zeit gestoppt, sobald zwei Delegierte anwesend sind.*
- ❖ *Die Delegierten der Teams können sich das erste Mal um ... Uhr (zehn Minuten nach Beginn) treffen.*
Jedes Team wählt einen Beobachter. Er darf während der Planung und Produktion keine Hinweise geben und wird im Rahmen der teaminternen Auswertung berichten.

Präsentation:
Die Teams präsentieren ihre Vehikel dem Auftraggeber und sollen ihre Performance unter Beweis stellen. Obligatorische Bestandteile sind dabei:
- ❖ *ein Verkaufsslogan,*
- ❖ *eine technische Erläuterung,*
- ❖ *Hinweise zum Gebrauch,*
- ❖ *eine Sicherheitsinstruktion.*
Zeitpunkt der Präsentation: ... Uhr.

Viel Erfolg !

Beobachtungs-
aufgaben

Die Beobachter können, wenn sie dies wollen, ihre Teamdelegierten zu den zentralen Meetings begleiten. Als Leitfragen für ihre Beobachtungsaufgaben bieten sich beispielsweise an:

❖ Wird zu Beginn festgelegt, wie man die Abstimmungs- und Entscheidungsprozesse steuert und wie man unterschiedliche Ideen, Entwürfe und Konstruktionen integriert?
❖ Gab es eine informelle oder formelle (zum Beispiel zu Beginn gewählte) Führung im Team? Wie wurden während der Aktion im Team die Entscheidungen getroffen?
❖ Wie ging das Team mit eventuellen Reibungspunkten um, die sich aus den schwierigen Abstimmungsprozessen mit den parallel arbeitenden Teams ergaben?
❖ Kooperierten die Teams miteinander oder bildete sich ein Konkurrenzverhalten heraus?

Moderation bzw.
Intervention

Die Moderatoren halten sich sinnvollerweise am zentralen Treffpunkt auf, stoppen die Meetingzeiten – wie im Aufgabentext vorgegeben – mit und greifen möglichst nicht in die Arbeit der Teams ein. Stippvisiten bei den Teams beruhigen in der Regel die Nerven der Moderatoren und sorgen dafür, dass ihre Neugier befriedigt werden kann.

Auswertung

Der erste Teil der Auswertung sollte in den Teams erfolgen. Wenn pro Team ein Trainer zur Verfügung steht, kann die Moderation von diesem übernommen werden. Wenn nicht, moderiert ein Teammitglied. Im Zentrum sollten der Bericht des Beobachters und die Auswertung des Prozesses im Team stehen. Alle Teams werden gebeten, anschließend im Plenum kurz über den Prozess in ihrem Team zu berichten.

Bei der Auswertung im Plenum sollte man am besten mit der emotionalen Seite beginnen: *Wie war's?*, *Was hat Spaß gemacht, was hat mich geärgert?* In einer zweiten Runde werden dann fachlich-operative und strategische Fragen behandelt. Die Beobachter können dabei mit einbezogen werden. Die Berichte liefern eine Menge Stoff zur weiteren Auswertung. Damit nichts verloren geht, sollte die Quintessenz der Berichte am Flipchart oder an der Pinnwand dokumentiert und möglichst auch illustriert werden.

Für die moderierenden Trainer besteht die Kunst darin, die Mikroebene (Prozesse in den Teams) und die Makroebene (teamübergreifender Gesamtprozess) transparent zu machen sowie den Überblick über die sich zum Teil überlappenden Strukturen, Prozesse und die sie begleitende Dynamik zu behalten. Auf der Mikroebene ist zum Beispiel typisch, dass

❖ durchsetzungsschwache Delegierte, die am Meetingpoint die Vorschläge ihres Teams nicht realisieren können, von ihren Kollegen in die Mangel genommen werden,

❖ frustrierte Alleskönner und Besserwisser ihre Teams frustrieren, was wiederum die innere Kündigung introvertierter Leistungsträger zur Folge hat,

❖ sich die 150-prozentigen aus der Perfektionisten-Gilde in einem Team gefunden haben, dort jedes Detail ausdiskutieren und die verabredeten Zeitpunkte verpassen.

Die Übergänge zur Makroebene sind fließend. Häufige Versäumnisse respektive Fehler sind beispielsweise

❖ dass zu Beginn versäumt wird, die Modi der Prozesssteuerung festzulegen, um somit Reibungspunkte bei den ständig notwendigen Entscheidungsprozessen zu minimieren,

❖ dass sich quasi automatisch ein kontraproduktives Konkurrenzverhalten unter den Teams herausbildet, ohne dass dies gefordert war,

❖ der Unmut über die Weigerung eines Delegierten, ein bereits gebautes Teil des Vehikels wieder abzutragen, um sich den Maßen der anderen Teams anzugleichen.

Es kommt auf das Geschick der Moderatoren an, aus den individuellen Erfahrungen, Erlebnissen und Erkenntnissen die Plattform für einen produktiven Austausch zu bauen. Wenn dies gelingt, dann können »Untergrund-Themen« an die Oberfläche befördert und die Halbwertszeiten verdeckter Konflikte verkürzt werden.

Der »Vehikelbau« ist ein großes, aufwendiges Szenario und generiert eine Menge potenzieller Transferthemen. Wichtig ist, sich nicht zu verzetteln, sondern sich auf wenige Punkte zu konzentrieren und diese intensiv zu reflektieren.

Planung und Vorbereitung der *Lernprojekte:* von der ersten Idee bis zum letzten Detail

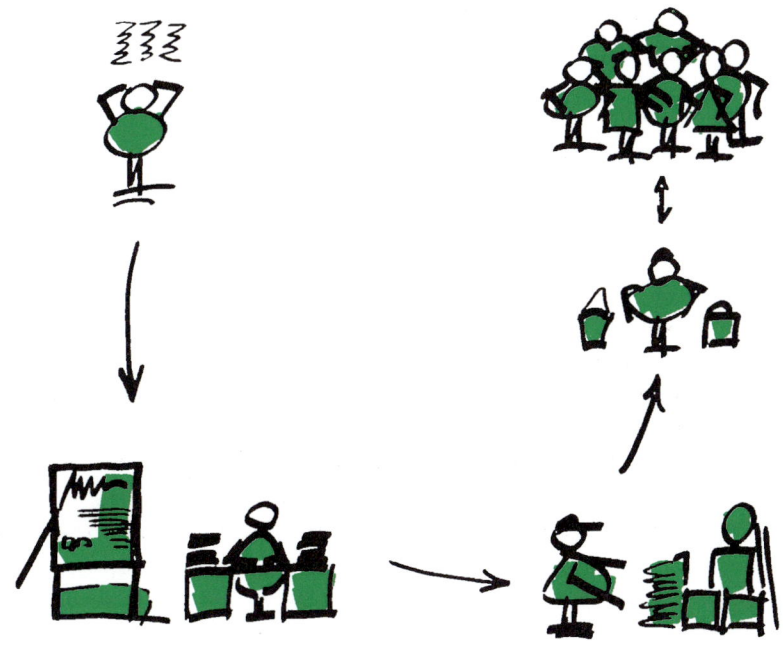

Themen, Ziele, Wirkungen

Man nehme: Ein Kurzreferat, drei Lernprojekte und Kleingruppenarbeit je nach Geschmack …

Natürlich reizt die Vorstellung, dass man mit einem Lernprojekt bei einer Gruppe bestimmte Effekte erzielen kann. Es klingt so einfach: Zu den definierten Zielen – nehmen wir zum Beispiel »Aufbau von Vertrauen« und »Verbesserung der Kommunikation« – werden flugs die passenden Lernprojekte x, y und z ausgewählt und – verbunden mit ein wenig Theorie und Kleingruppenarbeit – an den Teilnehmern exekutiert. Doch Vorsicht! Tappen Sie nicht in die »Wenn-dann-Falle« und misstrauen Sie vermeintlich rasch wirksamen Rezepturen. Vor allem, wenn Ihr Auftraggeber danach verlangt.

Konstruktives Lernen nutzt andere Hebel für die Weiterentwicklung von Menschen und Dingen: Es sind die unmittelbaren Erfahrungen, die individuell aus dem gemeinsamen Handeln erwachsen, und die Bilder, die sich die Beteiligten in ihren Köpfen *konstruieren* und miteinander vergleichen. Diese Bilder unterscheiden sich; jeder Akteur, Beobachter und Moderator nimmt anderes anders wahr, schafft sich seine Metaphern zum »richtigen Leben« außerhalb der *Lernprojekte* und gewinnt Erkenntnisse über sich, den anderen und die Welt, indem er die Differenz der Bilder wahrnimmt und verarbeitet.

Anregen, aufregen und verstören

Als Trainer müssen wir akzeptieren, dass sich die Beteiligten ihre Metaphern und Bilder selbst *konstruieren* und dass es – auch wenn von instruktionistischer Seite anderes behauptet wird – keinen direkten äußeren Zugang zu den individuellen Lernprozessen gibt. Alles, was wir als Trainer können, ist anregen, aufregen und verstören, indem wir das »richtige« Lernprojekt zur rechten Zeit situationsgerecht präsentieren, moderieren und auswerten.

Was heißt das nun im Einzelnen? Jedes *Konstruktive Lernprojekt* hat sein spezifisches Charakteristikum und generiert manche Motive, Metaphern und Themenkreise stärker als andere: Das *Lernprojekt* »Schwebender Stab« beispielsweise aktiviert das Spannungsverhältnis von Erfolg und Qualität, während die »Fliegenden Bälle« kreatives Chaos schaffen und zum Quer- und Umdenken einladen.

Als Trainer tendiert man nun dazu, Erfahrungswerte, die man mit bestimmten Lernbausteinen gemacht hat, eins zu eins auf das nächste Seminar, die nächste Gruppe zu übertragen. Davor sei hier nachhaltig gewarnt! Denn was der einzelne Protagonist und was dann die Beteiligten aus dem angebotenen Setting letztlich machen, ist nicht kalkulierbar. Es können ganz andere Resultate, sprich Themen, an die Oberfläche gespült oder in der Reflexion als die wirklich relevanten erkannt werden.

Ziele sind Arbeitshypothesen und weiter nichts!

Auch wenn Sie instruktionistischen Schnellschüssen ablehnend gegenüber stehen, werden Sie als Trainer nicht umhin kommen, Ziele aufzuschreiben oder zumindest bestimmte Themen ins Visier zu nehmen. Indes: Ziele im Kontext unserer *Konstruktiven Lernprojekte* sind – so mein Resümee aus dem bisher Gesagten – Arbeitshypothesen, die sich im Verlauf des Seminars oder Workshops als mehr oder weniger »richtig« bzw. »passend« erweisen. Ziele respektive ihre Verkünder können sich jedoch ebenso gut blamieren!

Wenn zum Beispiel deutlich wird, dass das Ziel »Aufbau von Vertrauen im Team« nur die Projektion der Führungskraft ist, die den unterstellten Teammitgliedern gründlich misstraut, ihre Reaktionen darauf wahrnimmt und »zum Ausgleich« ein Teamtraining »zur Vertrauensbildung« anordnet, ohne selbst daran teilzunehmen, dann ist hier etwas falsch gelaufen. Ohne in eine Analyse dieses Falles einsteigen zu wollen: Kristallisieren sich die in den Vorbesprechungen fixierten Themen und Ziele als nicht haltbar heraus, müssen diese angepasst werden. Klingt eigentlich selbstverständlich. Ist es aber nicht.

Im Grunde wissen Sie als Trainer nie, welche Resultate ein *Lernprojekt* zeitigen wird. Bestenfalls hat man eine Vorahnung davon und tut so, als wüsste man, wohin die Reise geht. Deshalb die Formulierung »Arbeitshypothese«.

Metaphern, Bilder, Assoziationen

Metaphern – Katalysatoren und Treibsätze für Entwicklung und Wachstum

Alle in diesem Buch vorgestellten *Lernprojekte* sind als potenzielle Spiegelbilder, Trägerfolien und Projektionsflächen für Mikro- und Makroprozesse in Organisationen erdacht worden. Sie sollen – wie gezeigt – anregen, aufregen und verstören und möglichst viele reiche und eindringliche Metaphern bei den Beteiligten hervorrufen. Manche Trainer neigen dazu, diese ohnehin schon voll gestellten Settings noch zusätzlich aufzuladen: Beim *Projekt* »Ein Glas Wasser« werden die Eimer zu »Computer-Servern« geadelt, das gefüllte Wasserglas in eine »virusinfizierte Software« verwandelt, während Fahrradschlauch und Schnüre zu »Antivirus-Programmen« mutieren. Aus dem *Projekt* »Fliegende Bälle« wird eine japanische Fabrik, aus dem »Hindernislauf« der schwierige Weg zum »Going public« an die Börse.

Noch vor nicht allzu langer Zeit hatte ich ganz in diesem Sinne den Ehrgeiz, aus jedem *Lernprojekt* ein Szenario zu entwickeln, das sowohl strukturell als auch semantisch mitten aus dem »realen« Wirtschaftsleben gegriffen sein sollte. In der Zwischenzeit bin ich hier zurückhaltender geworden, wissend, dass die Akteure im spannenden Tun ständig Assoziationen und Metaphern gebären, die nicht durch die Projektionen der Trainer zugeschüttet werden dürfen. Denn was der Trainer einmal eingebracht hat, will er auch verifizieren: Auswertungen geraten dann zu »Lehrgesprächen«, wie wir sie aus der Schulpädagogik kennen: Der Trainer vergewissert sich durch gezieltes Nachfragen, ob seine »Vogel friss oder stirb«-Platitüden denn angekommen sind.

Metaphern kann man nicht erzwingen!

Metaphern brauchen das passende Setting sowie Raum und Zeit. Sonst nichts. Dazu ein Beispiel: Beim *Lernprojekt* »Triangel« wählte der Inhaber eines mittelständischen Bauunternehmens die Rolle einer der »blinden« Produzenten. Er musste – angeleitet durch »seine Chefs« – mit seinen Mitstreitern ein Seil verknüpfen, daraus ein genau gleichseitiges Dreieck legen und die Ecken markieren. In der anschließenden Auswertung beschrieb er seine Eindrücke in etwa so: Die Anweisungen seien per Einbahnstraße erteilt worden und die Führung wäre wie über Marionettenfäden erfolgt.

Selbst als die Produktion schon beendet war, hielten es die Chefs nicht für vordringlich, ihn, den Untergebenen, von seiner Augenbinde zu befreien (was diese natürlich ganz anders sahen …). Mit anderen Worten: Es war eine Tortur für ihn.

Am Abend des Seminartags fuhr er nach Hause, um am nächsten Morgen die Routinebesprechung mit seinen Bauleitern und Polieren leiten zu können. Das Meeting dauerte länger als geplant, so verspätete er sich zum Seminar, das am Vormittag des darauf folgenden Tages weiterging. In der Einstiegsrunde berichtete er von der Besprechung: Ihm wären beim *Lernprojekt »Triangel«* »die Augen aufgegangen«, was seine Informationsweitergabe anbelangt. Heute früh hätte er diese komplett umgestellt und nicht nur Anweisungen weitergegeben, sondern ganzheitlich und umfassend informiert. Und das werde er sicher auch in Zukunft so beibehalten. Denn er wisse jetzt, wie man sich fühlt, wenn man »blind und dumm gehalten« wird.

Stimmige Settings schaffen

In der Praxis wird es selten vorkommen, dass Teilnehmer während eines Seminars eine reale Führungssituation im Unternehmen bewältigen müssen. Insofern ist unser Bauunternehmer, der seine Lernerfahrungen fast unmittelbar in sein konkretes Führungshandeln einfließen ließ, ein idealtypisches Beispiel für die Effekte *Konstruktiver Lernprojekte*. Dies ist natürlich kein Beweis für ihre Wirksamkeit, allerdings ein kleines Indiz dafür, dass ein Seil, ein paar Wäscheklammern und eine allgemein gehaltene Aufgabenstellung (»Formen Sie ein gleichseitiges Dreieck …«) Assoziationen und Metaphern en masse provozieren.

Wenn man nun im Vorfeld die Parameter in die Sprache des Bauunternehmers übersetzen würde (vorausgesetzt man wäre dazu in der Lage!), also aus einem Seil einen Balken, aus einer Klammer eine Zange und aus einem gleichseitigen Dreieck ein Satteldach machen würde, hätte man ohne Not die Komplexität erhöht und damit höchst wahrscheinlich die Transferchancen reduziert.

Deshalb: Konzentrieren wir uns auf eine stimmige Präsentation des Settings und halten wir uns zurück mit semantischen Hochseilakten. Sie gehen meist daneben.

Design und Dramaturgie

Artdirector und Heimwerker in einer Person: von der ersten Ideenskizze zum perfekt geplanten Seminar

Ich habe bisher dargelegt, dass es problematisch wäre, vorschnell Themen und Ziele festzuzurren und mit diesen Prämissen das Seminar oder den Workshop zu starten. Das soll jedoch keinesfalls heißen, dass man als Trainer unvorbereitet in die Veranstaltung geht. Ganz im Gegenteil: Sie sollten den Einsatz *konstruktiver Lernprojekte* sorgfältig planen. Denn sowohl die Auswahl der *Lernprojekte* als auch die Struktur und Dramaturgie des Seminars oder Workshops hängt von vielen Faktoren ab. Mit den folgenden Fragen entwickeln Sie ein erstes Profil. Sie können selbst weitere Fragen notieren.

Von der Idee zum Profil

❖ *Was wird mit der Veranstaltung bezweckt? Wer hat sie warum einberufen? Mit welchen Erwartungen reisen die Eingeladenen an? Wie sind deren Intentionen?*

❖ *Wurden die zu behandelnden Themen bereits festgelegt? Welche Vorinformationen wurden bislang nach außen gegeben? Gibt es vielleicht schon einen vorläufigen Ablaufplan? Sind alle Teilnehmer auf einem vergleichbaren Informationsstand?*

❖ *Wie setzt sich der Teilnehmerkreis zusammen? Ist er heterogen oder homogen (in Bezug auf Organisationszugehörigkeit, hierarchische Stellung, Qualifikation, Alter etc.)? Handelt es sich um ein offen ausgeschriebenes Seminar oder um eine geschlossene Klausur einer Arbeitsgruppe?*

❖ *Geht es zeitlich-strukturell um ein Kennenlernen oder einen Einstieg ins Thema, um eine inhaltliche Vertiefung, eine längere experimentelle Lernsequenz, um einen symbolisch-rituellen Schlusspunkt der Veranstaltung?*

❖ *…*

Sicher können nicht alle diese Fragen im Vorfeld der Veranstaltung beantwortet werden. Oft hilft indessen ein (weiteres) Telefonat mit dem Auftraggeber. Der ungeklärte Rest wird zu Beginn des Seminars oder Workshops auf die Agenda genommen. Auf jeden Fall haben Sie sich so ein vorläufiges Profil geschaffen – ob gedanklich-virtuell oder gegenständlich-konkret bleibt Ihnen überlassen. Darauf bauend entwickeln Sie dann das Design der Veranstaltung. Sie können auch hier wieder ihre eigenen Ideen hinzufügen.

Vom Profil zum Design

Beginnen wir mit der Makrostruktur der Veranstaltung, das heißt mit dem Auswählen und Zuordnen der geeigneten Elemente und Bausteine sowie der Klärung der Rahmenbedingungen. Folgende Fragen können dazu herangezogen werden:

❖ *Sind* Konstruktive Lernprojekte *bei diesem Workshop bzw. Seminar überhaupt sinnvoll? Würden sie beim Auftraggeber voraussichtlich auf Akzeptanz treffen? Wenn ja, welche Rolle sollten sie spielen? Wären sie das Gerippe oder Gerüst, das die Veranstaltung trägt bzw. zusammenhält, vielleicht der »rote Faden«? Oder könnten sie als kleine, zeitlich begrenzte »Aufreißer« in Pillenform von Nutzen sein?*

❖ *Welcher Zeitraum wurde festgelegt? Gibt es hier noch Spielraum? Kann ein großes Szenario aufgesetzt werden (etwa »Teamwork* live!« *oder »Vehikelbau«) oder sind mehrere kleinere Projekte sinnvoll?*

❖ *Welche Räumlichkeiten stehen zur Verfügung? Besteht die Möglichkeit, einzelne Sequenzen nach draußen, unter freien Himmel zu verlegen?*

❖ *Welcher Rhythmus bietet sich an? »Lernprojekt – Theorie-Input – Diskussion …«? Oder »Einzelarbeit – kollegiale Beratung in Tandems – Austausch im Plenum – Pause – Lernprojekt …«?*

❖ *Welche* Lernprojekte *eignen sich für die Veranstaltung?*

❖ *…*

Nun können wir uns den Mikrostrukturen zuwenden: Als Erstes wäre zu fragen, ob die ausgewählten *Lernprojekte* in ihrer standardisierten Form präsentiert werden können oder ob man sie speziell aufbereiten muss.

Erfahrene Trainer können sie bei Bedarf so variieren oder modifizieren, dass sie sowohl der Zielgruppe als auch der Situation gerecht werden. Dabei stehen ihnen verschiedene Ansatzpunkte und Hebel zur Verfügung. Halten Sie auch Ihre eigenen Ideen schriftlich fest.

Variation und Modifikation der Lernprojekte

❖ **Zeit**
Der Charakter eines Lernprojekts *lässt sich in markanter Weise verändern, indem das Zeitlimit verschärft, abgemildert oder auch ganz weggelassen wird. Insofern kommt der Einschätzung, welche Frustrationstoleranz die Beteiligten mitbringen und wie sie mit Misserfolg umgehen können, große Bedeutung zu.*

❖ **Sinneswahrnehmung und Sprache**
(Zusätzliche) Einschränkungen der Sinneswahrnehmung (zum Beispiel durch »Blindtücher« oder Sichtbarrieren) und der sprachlichen Kommunikation (zum Beispiel durch Räumlichkeiten, die voneinander entfernt liegen oder Funkgeräte) erschweren die Aufgaben und können neue Aspekte ins Spiel bringen. Diese »verschärften Regeln« kann der Moderator auch während der Aktionsphase einführen, zum Beispiel wenn Regelverletzungen geahndet werden sollen.

❖ **Rahmenbedingungen**
Veränderte Aufgabenstellungen oder andere Materialien eröffnen neue Perspektiven. So macht es beispielsweise einen großen Unterschied, ob bei »Ein Glas Wasser« die Hilfskonstruktion zur Bergung des Wasserglases von den Akteuren selbst gebastelt werden muss oder schon als fertiges Werkzeug vorliegt. Den recht aufwendigen »Vehikelbau« würde man auf »Kammermusik-Niveau« reduzieren, wenn man statt der Bretter, Planken und Seile etc. pro Gruppe zehn Pfeifenputzer bereitlegt, aus denen dann »Schlitten« für Kugelschreiber oder ähnliche unnütze Dinge hergestellt werden sollen.

❖ *…*

Die Makrostruktur der Veranstaltung und die Mikrostruktur der *Lernprojekte* ergeben dann zusammen das »Seminar- oder Workshop-Design«. Was jetzt noch aussteht ist die Detailplanung und -vorbereitung. Mit besonderem Blick auf die *Lernprojekte* und ohne Anspruch auf Vollständigkeit sollte die Beantwortung folgender Fragen zum Abschluss der Vorarbeiten führen. (Organisatorische Aspekte, die nicht mit den *Lernprojekten* zusammenhängen, werden hier weggelassen.)

Vom Design zur Detailplanung

❖ *Material*
Welches Material kommt bei den geplanten Lernprojekten zum Einsatz? Was muss noch beschafft, angepasst oder gecheckt werden?

❖ *Medien*
Was steht vor Ort zur Verfügung? Was muss mitgenommen werden?

❖ *Teilnehmerunterlagen*
Welche Aufgabentexte werden benutzt? Müssen diese noch überarbeitet werden? Sind als Ergänzung der Theorie-Inputs Hand-outs vorgesehen?

❖ *Räumlichkeiten*
Kennen Sie den Veranstaltungsort und die Räumlichkeiten? Wenn nicht: Ist eine vorherige Ortsbesichtigung notwendig (vor allem, wenn Projekte im Freien verwirklicht werden sollen)?

❖ *Teilnehmerinformationen*
Wie werden die Teilnehmer darauf vorbereitet, was sie erwartet? Was sollen sie an persönlichen Dingen mitbringen (zum Beispiel feste Schuhe, strapazierfähige Kleidung und einen Regenschutz, wenn Projekte unter freiem Himmel stattfinden)?

❖ *…*

Wenn alle Planungs- und Vorbereitungsschritte nun mehr oder weniger minutiös abgearbeitet worden sind, kann das Seminar oder der Workshop nun endlich beginnen. Im folgenden vierten Abschnitt dieses Buches will ich mich auf die drei zentralen Phasen konzentrieren, in die sich alle *Lernprojekte* gliedern: Instruktion, Moderation und Reflexion.

Dabei geht es mir in erster Linie darum, dem Neueinsteiger didaktische Hinweise und Handreichungen zu geben. Der Profi kann diese Seiten ruhig überblättern. Ebenso wie der Einsteiger findet er im Anhang Checklisten, die ihm seine Arbeit mit den *Lernprojekten* erleichtern sollen.

Instruktion, Moderation, Reflexion: zwischen Lockerheit und Genauigkeit

Instruktion – den Anfang gestalten

Rollen klären

Nachdem das Setting arrangiert ist, das heißt die Handlungsräume gedanklich oder/und mithilfe von Markierungen abgesteckt sind und sich alle Materialien am richtigen Platz befinden, klärt der Moderator die Rollen aller Beteiligten inklusive seiner eigenen. Wenn Untergruppen vorgesehen sind (Steuerung, Koordination, Produktion usw.), finden sich die Akteure in diesen zusammen und stellen beziehungsweise setzen sich dergestalt, dass der notwendige Überblick erhalten bleibt. Außerdem werden etwaige Beobachter und Controller eingeteilt.

Bei komplexeren *Lernprojekten* wird der Moderator das Verständnis seiner eigenen Rolle erläutern. Das empfiehlt sich vor allem dann, wenn er sowohl als Spielleiter als auch als Auftraggeber bzw. Kunde auftritt. Den Akteuren und Beobachtern sollte immer klar sein, welchen »Hut« er momentan trägt, will heißen, welche Rolle er einnimmt.

Die Rollenbesetzung und -klärung ist eigentlich noch kein Bestandteil des *Lernprojekts*, sollte jedoch mit Verve angegangen werden, um schon hier den Grundstein zu legen für eine konzentrierte und zugleich lustvolle Arbeitsatmosphäre.

Stimmig einsteigen

Ob der Moderator am Beginn des *Lernprojekts* einführende Worte spricht oder, nachdem alle Akteure ihre zugewiesenen Plätze eingenommen haben, den Aufgabentext unkommentiert an die verantwortlichen Leitungspersonen übergibt, hängt sowohl vom Projekt selbst ab, als auch von der Situation und nicht zuletzt von der Haltung des Moderators.

Wer in seiner beruflichen Biografie als Lehrer, Dozent oder betrieblicher Ausbilder lange Zeit dem instruktionistischen Paradigma verpflichtet war, wird sich wahrscheinlich schwer tun, nicht bereits zu Beginn der Instruktion auf bestimmte Lernchancen hinzuweisen. Andererseits können helfende, manchmal auch paradoxe Hinweise (»Das ist die Arena für gnadenlose Einzelkämpfer!« bei einer typischen Teamaufgabe) bestimmte Dispositionen in der Gruppe verstärken oder abschwächen. Insofern kann ein »Frontloading« auch aus konstruktivistischer Sicht durchaus angebracht sein.

Falls der Moderator die Aufgabenstellung mündlich vorträgt, sollte er sich um Klarheit und Präzision in der Ausdrucksweise bemühen, obwohl sich – wie eingangs zitiert – Genauigkeit und Verständlichkeit kaum vernünftig kombinieren lassen. Andererseits repräsentiert gerade ein etwas vager, kryptischer Text den Alltag in Unternehmen, Nonprofit-Organisationen und öffentlichen Verwaltungen in realistischer Weise.

Fragen beantworten

Nach der Aufgabenstellung wird der Moderator eigentlich immer mit Fragen konfrontiert. Ich persönlich halte es so, dass ich diese meist geduldig beantworte. Wenn jedoch eine besonders clevere Gruppe auf diese Weise zusätzliche Planungszeit schinden will oder sich auf angebliche Ungereimtheiten in den vorgetragenen Worten kapriziert und damit den Beginn hinauszögert, beende ich die Fragerunde mit der Autorität des Spielleiters (und komme auf diese Taktik bei der Auswertung zurück).

Sicherheitshinweise geben

Auch wenn alle hier beschriebenen *Lernprojekte* ungefährlicher sind als die Fahrt mit dem Auto zum Seminarort, hat der Moderator die Verantwortung, eventuelle Gefahrenquellen auszuschalten und auf Restrisiken hinzuweisen. Er versichert sich, dass alle Beteiligten aufmerksam zuhören und erledigt diesen Pflichtteil jedes *Lernprojekts* direkt vor Beginn der Aktionsphase mit eindringlichen Worten.

Zeit nehmen

Wenn ein Zeitlimit gesetzt wurde oder Schnelligkeit eine Rolle spielt, wird die Stoppuhr mit den Worten »Zeit läuft!« in Gang gesetzt.

Checkliste Instruktion

❖ *Sind die Orte bzw. Räumlichkeiten definiert und/oder markiert?*

❖ *Liegen alle Materialien an den richtigen Plätzen bereit?*

❖ *Ist es sinnvoll einen Beobachter oder Controller zu benennen?*

❖ *Wurden die Rollen aller Beteiligter (inklusive der eigenen) abgeklärt?*

❖ *Wurde stimmig eingeführt?*

❖ *Wurden alle Fragen beantwortet?*

❖ *Wurde die volle Aufmerksamkeit aller eingefordert und wurden die Sicherheitshinweise gegeben?*

❖ *Soll gegebenenfalls die Stoppuhr in Gang gesetzt werden mit: »Zeit läuft!«?*

Moderation – Prozesse begleiten

Intervenieren oder nicht – das ist hier die Frage!

Eigentlich ist Moderation das falsche Wort. Wenn man es genau nimmt, müsste die Überschrift lauten: Intervention – ja oder nein. Denn die Akteure sind es, die die Fäden ziehen und zumindest im engeren Sinne sind es Personen aus ihren Reihen, die das Projekt moderieren.

Bis vor nicht allzu langer Zeit intervenierte ich während der *Lernprojekte* nur, wenn die Sicherheit nicht mehr gewährleistet war. Ansonsten griff ich nicht ein, was immer auch geschah. Inzwischen finde ich Gefallen an kraftvollen Interventionen zum rechten Augenblick.

Wenn beispielsweise eine Gruppe in puren Aktionismus abdriftet und niemand in der Lage zu sein scheint, das Chaos zu lichten, interveniere ich und versuche, die Situation einzufrieren. Ich sorge dafür, dass nichts verändert wird (dass zum Beispiel die Augenbinden angelegt bleiben) und schildere meine Aussensicht der Dinge. Sodann stelle ich Fragen hinsichtlich der Strategie und gebe eventuelle Hinweise, die weiterführen können. Natürlich reduziert mein Eingriff nicht die eventuell vorgegebene Aktionszeit, was ich den Akteuren auch mitteile.

Sich zurückhalten können

Generell jedoch halte ich mich während der Aktionsphase zurück. Dies gilt meist auch in Bezug auf Ahndung von Regelverstößen. Fragende Blicke oder auch diesbezügliche Fragen gebe ich grundsätzlich an die Fragesteller zurück. Sie sollen für sich entscheiden, wie sie ihr Handeln bewerten wollen. Nach meiner Erfahrung ist es viel interessanter, in der Auswertung darüber zu reden, wie einzelne und die Gruppe mit Regelverstößen umgegangen sind.

Bei Sicherheitsproblemen intervenieren

Wenn Beteiligte oder auch außenstehende Dritte auf irgend eine Weise gefährdet sind, muss der Moderator eingreifen. Oft ist dies ein schmaler Grat, das heißt Ermessenssache. Persönlich halte ich es so, dass ich im Zweifel lieber interveniere als etwas zu riskieren.

Beobachter und Controller unterstützen

Manch ein Beobachter vergisst im Eifer des Gefechts seine zugewiesene Rolle und hilft den Akteuren bei ihren Jobs oder gibt sachdienliche Hinweise. Der Moderator sollte dies nicht zulassen und den Beobachter auf seine Rolle festlegen. Wenn Beobachter bzw. Controller sichernde Funktionen übernehmen (wie zum Beispiel bei den *Lernprojekten* »Hindernislauf«, »Zweimal fünf Ecken« und »Der Baum ist das Ziel«), muss der Moderator während der Aktionsphase des Projekts darauf achten, dass sie diese auch verantwortungsvoll wahrnehmen.

Checkliste Moderation

❖ *Der Moderator hält sich in der Regel zurück.*
❖ *Er kann intervenieren, wenn die Gruppe sich beispielsweise in eine Sackgasse verrennt oder im Chaos festbeißt.*
❖ *Er muss intervenieren, wenn die Sicherheit nicht mehr gewährleistet ist.*
❖ *Er unterstützt die Beobachter und Controller bei ihren Aufgaben.*

Reflexion – den Transfer unterstützen

Gedacht wird nicht nur während der Auswertung

Die Gliederung der *Lernprojekte* in die drei Hauptphasen Instruktion, Moderation (oder aus Teilnehmersicht: Aktion) und Reflexion suggeriert eine funktionale Trennung, die so nicht gegeben ist. Denn bereits in der Instruktion werden kognitive und affektive Prozesse bei den Akteuren stimuliert, die Lernvorgänge ermöglichen. Nicht nur die Reflexion, sondern auch die Aktion selbst kann Effekte erzielen, die das Denken, Fühlen und Verhalten aller Beteiligten verändern. Mit anderen Worten: Gelernt wird nicht nur in der Reflexion, sondern bereits während der Aufgabenstellung und vor allem im Handeln selbst.

Gehandelt wird nicht nur während der Aktion

Umgekehrt beschränkt sich Handeln nicht nur auf die Aktion. Freud und Piaget haben mit erstaunlicher Übereinstimmung Denken als Probehandeln bezeichnet. Folgt man ihnen, so ist das Handeln mit der Aktion noch nicht zu Ende, sondern auch Teil der Reflexion.

Was heißt das nun für den Trainer, der *Konstruktive Lernprojekte* anleitet? Es heißt vor allem, dass er sich von der Vorstellung lösen muss, dass die Reflexion – und nur diese – für den Transfer der Erfahrungen aus den *Lernprojekten* an den Arbeitsplatz zuständig ist. Wenn ihm das gelingt, kann er dem »Stress des Transferzwangs« entgehen und unbefangen in die Auswertungssequenzen einsteigen.

Vielfältige Methoden anwenden

Meines Erachtens würde es dem Charakter der *Lernprojekte* zuwiderlaufen, wenn der Trainer in den Auswertungen ausschließlich auf den sprachlich-analytischen Diskurs setzt. Handlungsorientierte Verfahren und Methoden, die musisch-kreative sowie körper- und bewegungsbezogene Elemente enthalten, eignen sich gerade auch für die Auswertung! Dies soll indessen kein Einwand sein gegen die klassische Form der moderierten Diskussion: Offene, das heißt nur wenig strukturierte Aussprachen aller Beteiligten können den Abschluss eines Projekts markieren und einen weichen Übergang zum nächsten Thema schaffen.

Bei den *Lernprojekten*, die ich im zweiten Kapitel ausführlich vorstellte, kamen folgende Auswertungsmethoden zum Einsatz:

❖ Leitfragentechnik,
❖ systemische/zirkuläre Fragetechnik,
❖ Aufstellungen,
❖ Bewerten mithilfe unterschiedlicher Skalen,
❖ Visualisierung,
❖ strukturierte Reflexion in Tandems, Triaden etc.,
❖ Feedback-Runden in Tandems,
❖ Blitzlicht,
❖ Charade, Stegreif-Theater,
❖ Skulpturarbeit,
❖ »Reflektierendes Team«.

Im Anhang finden Sie eine Übersicht, bei welchen *Lernprojekten* welche Auswertungsmethoden beschrieben sind. Darüber hinaus gibt es natürlich viele weitere Auswertungsmethoden, die je nach persönlicher Vorliebe des Trainers ausgewählt und angewandt werden können.

Unterstützen statt predigen

Manch ein Trainer fühlt im Grunde seines Herzens wie ein Prediger und dominiert mit seinen Analysen, Bewertungen und Ratschlägen den Verlauf des Seminars oder Workshops. Besonders in den Reflexionen ist dann die Gefahr groß, dass die kurz zuvor, nämlich während der Aktion, noch engagierten Teilnehmer dies als Oberlehrer-Gehabe empfinden und meist stillen Widerstand leisten, das heißt innerlich emigrieren.

Als jemand, der selbst unter dem »Prediger-Syndrom« leidet, diszipliniere ich mich (meist) zu möglichst knappen Statements in einer späten Phase der Auswertung. Dabei konzentriere ich mich auf höchstens zwei oder drei Aspekte und argumentiere – ganz im Sinne der Feedback-Regeln (siehe Anhang) – konstruktiv und auf die Zukunft bezogen.

Tabus brechen

»Wir sind ein Super-Team!« Wenn ich diesen Spruch höre, klingeln bei mir alle Alarmglocken. Meistens zu Recht. Denn manche Arbeitsgruppen und Teams wollen nach außen den Eindruck perfekter Harmonie und optimaler Effizienz vermitteln, während in ihrem Inneren verdeckte Konflikte wüten. Die daraus resultierenden starren Positionen und Frontlinien bewirken Stillstand; ein Grabenkrieg verhindert jede positive Entwicklung. Das einzig Einende ist der Wille, nichts nach außen dringen zu lassen.

Konstruktive Lernprojekte provozieren bei solchen Teams häufig Misserfolge. Diese werden dann unisono mit der unklaren Aufgabenstellung, der knappen Zeit, den ungünstigen Rahmenbedingungen entschuldigt oder ungeniert als hervorragende Performance uminterpretiert.

Sich an dieser Stelle als Trainer zurückzuhalten, halte ich für falsch. Man wird zwar schnell zum Buhmann, wenn man an dieser Fassade kratzt, kann jedoch zugleich Entwicklungen anstoßen, die das Team weiterbringen. Auch auf die Gefahr hin, dass man selbst die Rolle des Sündenbocks auf sich nehmen muss.

Beobachter geben ihren Kollegen Feedback

Außen stehende Beobachter, die indessen Teil der Arbeitsgruppe sind, tun sich in der Regel leichter mit ihren Analysen und Ratschlägen. Viele Trainer, die mit *Konstruktiven Lernprojekten* arbeiten, halten sich zumindest in der ersten Phase der Reflexion mit Bewertungen zurück und setzen dafür auf die Berichte der Beobachter. Es ist dies sicher eine elegante Lösung, sich selbst aus der Schusslinie zu halten und trotzdem kritisches Feedback zu fördern. Allerdings scheut sich so mancher Beobachter, zum Beispiel seinem Vorgesetzten Fehler zu attestieren. So entsteht so manche »Hofberichterstattung«.

Mediengestützte Analysen

Nach besonders aufregenden Projekten wird von Teilnehmerseite immer wieder beklagt, dass keine Videoaufnahmen oder wenigstens digitale Fotos vom Geschehen angefertigt wurden. Persönlich nutze ich fotografische Medien nur selten zur Auswertung, da

❖ die zusätzliche Technik Zeit und Energie abzieht,
❖ die Auswertungen viel länger dauern,
❖ das gemeinsam vorm Monitor sitzen den Kontakt aller zueinander reduziert und
❖ damit vordergründige Objektivierungen (»Da siehst du es selbst …) gefördert werden.

Letztlich ist jedoch die persönliche Präferenz und Affinität des Trainers zur jeweiligen Technik und Methode das entscheidende Kriterium.

Zu guter Letzt

Sie haben sich, liebe Leserin und lieber Leser, bis hierher »durchgebissen« und dabei vielleicht den Eindruck gewonnen, *Konstruktive Lernprojekte* wären schon was für Sie, wenn – ja, wenn das alles nicht so furchtbar kompliziert wäre und man nicht so viel beachten müsste. Da will ich Sie – am Schluss dieses vierten und letzten Kapitels – beruhigen: Auch wenn sie sich mitunter sehr kompliziert anhören, sind die *Lernprojekte* in der Praxis relativ einfach und leicht zu handhaben. Das gilt vor allem für die Trainer und Moderatoren, die mit ihnen arbeiten!

Natürlich kann immer mal etwas schief gehen. So wurden mir einmal während einer kurzen Seminarpause mitten im Wald ein neues 50-Meter-Seil sowie nahezu alle anderen Utensilien, die ich für ein *Lernprojekt* vorbereitet hatte, entwendet. Ein anderes Mal landete ein Hubschrauber während eines laufenden Projekts im Werksgelände und paralysierte die ohnehin schon durch »Blindheit« gehandikapten Teilnehmer vollends. Aber gerade diese »Überfälle der Wirklichkeit« machen den Charme der *Konstruktiven Lernprojekte* erst richtig aus. Man weiß nie, was als Nächstes passiert.

Nachwort – Wie dieses Buch zustande kam

Vor einem Jahr saß ich als Zuhörer in einem Forum einer internationalen Bildungsmesse. Professor Bernd Weidenmann, Mitherausgeber der Reihe Weiterbildung im Beltz Verlag, referierte zum Thema »Gewusst wie – erfolgreiche Trainings« und verblüffte das Publikum damit, dass es unter Umständen Sinn mache, Pferde in Führungstrainings und den Fechtsport in Seminare zu Verhandlungsführung zu integrieren. Bernd Weidenmann sah mich unter den Zuhörern und drückte mir freundlich, aber bestimmt das Mikrofon in die Hand: Ich sollte von meiner Art, Trainings zu leiten, berichten. Es war dieser Kurzauftritt, der mich zum vorliegenden Buch inspirierte. Ermuntert von Bernd Weidenmann und unterstützt von Ingeborg Sachsenmeier war das Manuskript ein knappes halbes Jahr später fertig.

Dass dann auch meine Illustrationen Gefallen fanden, freut mich im Nachhinein besonders.

So geht mein Dank zuallererst an Herausgeber und Lektorat. Mein Fundus an *Lernprojekten* indes, den ich in diesem Band auf exemplarische Weise aufbereitet habe, ist das Resultat der Zusammenarbeit mit vielen fähigen Kolleginnen und Kollegen. Wenn ich an dieser Stelle Namen nenne, dann sollen diese auch für hier nicht aufgelistete Kolleginnen und Kollegen stehen. Franz-Josef Wagner, Monika Pietsch, Annette Mock, Erwin Mayer, Niko Schad und Irmelin Küthe möchte ich besonders hervorheben. Mit ihnen wurden die meisten der in diesem Buch vorgestellten Projekt (weiter)entwickelt und auf immer wieder neue Art umgesetzt. Mein besonderer Dank geht an Simon Priest, Seattle/Washington, der mich vor einigen Jahren in die höhere Kunst der *Lernprojekte* eingeführt hatte und mir gerade in den letzten Monaten bei so manchem Praxisproblem weiterhalf.

Auch wenn Werner Michl, dessen Koautor und Koherausgeber ich bei einer ganzen Reihe von Publikationen sein konnte, nicht auf dem Einband steht, so prägt doch sein Rat und seine immer konstruktive Kritik die Hauptpassagen dieses Buches ganz wesentlich. Und schließlich geht mein Dank an meine Lebenspartnerin Ingrid Scheffler, die so manche sprachlichen und logischen Fehltritte korrigieren konnte.

Anhang

Welches *Lernprojekt* ist wann das »richtige«?

Einsatzmöglich-keiten und Rahmen

	zu Beginn des Seminars / Workshops	als »Warming-up«	für Teams bis zu 12 Personen	auch für größere Gruppen	komplex und anspruchsvoll	Zeitbedarf: mindestens 1½ Stunden	am besten unter freiem Himmel
Stühle kippen	❖	❖	❖	❖			
Seilschwingen	❖	❖	❖	❖			❖
Schwebender Stab	❖	❖	❖				
Teppich falten	❖	❖	❖	❖			
Fliegende Bälle			❖	❖			
Knoten knüpfen			❖	❖			
Von Insel zu Insel			❖	❖			❖
Hindernislauf			❖	❖			
Zweimal fünf Ecken			❖	❖			
Triangel			❖	❖	❖		
Ein Glas Wasser			❖	❖	❖		
Eins bis dreißig			❖	❖	❖	❖	❖
Der Baum ist das Ziel			❖	❖	❖	❖	❖
Teamwork *live!*			❖	❖	❖	❖	
Vehikelbau			❖	❖	❖	❖	

Themen, die vorrangig bearbeitet werden können

	Kommunikation und Kooperation	Teamwork	Führen und geführt werden	Planungskompetenz	Organisationsfähigkeit	Informations- / Wissensmanagement	Zeitmanagement	Vertrauen / Verantwortung	Frustrationstoleranz	Durchhaltefähigkeit / Nachhaltigkeit	Kreativität / Improvisationsvermögen	Risikoverhalten	Präzision / Sorgfalt
Stühle kippen	❖	❖	❖						❖	❖			❖
Seilschwingen	❖	❖	❖				❖	❖	❖	❖			❖
Schwebender Stab	❖	❖	❖			❖	❖	❖	❖				
Teppich falten	❖	❖	❖	❖	❖	❖					❖		❖
Fliegende Bälle	❖	❖	❖		❖	❖	❖				❖		
Knoten knüpfen	❖	❖	❖	❖	❖	❖	❖		❖	❖	❖		❖
Von Insel zu Insel	❖	❖	❖	❖	❖	❖	❖	❖	❖	❖		❖	❖
Hindernislauf	❖	❖	❖	❖	❖	❖	❖	❖	❖	❖		❖	❖
Zweimal fünf Ecken	❖	❖	❖	❖	❖	❖	❖	❖	❖	❖	❖		❖
Triangel	❖	❖	❖	❖	❖	❖	❖	❖	❖	❖	❖		❖
Ein Glas Wasser	❖	❖	❖	❖	❖	❖	❖	❖	❖	❖	❖	❖	❖
Eins bis dreißig	❖	❖	❖	❖	❖	❖	❖	❖		❖	❖		❖
Der Baum ist das Ziel	❖	❖	❖	❖	❖	❖	❖	❖	❖	❖	❖	❖	❖
Teamwork *live!*	❖	❖	❖	❖	❖	❖	❖	❖	❖	❖	❖	❖	❖
Vehikelbau	❖	❖	❖	❖	❖	❖	❖	❖	❖	❖	❖		❖

Räumlichkeiten/Orte

❖ Wissen die Verantwortlichen vor Ort davon, dass Sie Außenanlagen nutzen wollen? (Es empfiehlt sich beispielsweise grundsätzlich, den Verwaltungsleiter einer Hochschule vorab zu informieren, wenn ein Dienstparkplatz als Ort für ein *Lernprojekt* ausgewählt wird.)

❖ Steht genügend Platz für die geplanten *Lernprojekte* zur Verfügung?

❖ Eignet sich der Boden oder Untergrund für die Projekte?

❖ Ein empfindlicher Teppichboden verträgt vielleicht keine Tesakrepp-Markierungen; eine Blumenwiese erweist sich bei genauerer Inspektion (auch) als Feuchtbiotop usw.

❖ Gibt es irgendwelche Gefahrenquellen, die zu Verletzungen führen könnten? In Räumen: zum Beispiel lose Kabel am Boden, spitze Gegenstände. Außen: zum Beispiel Bordsteinkanten, tief hängende Äste; Kraftfahrzeuge, die das Handlungsfeld queren wollen?

❖ Ist mit Störungen zu rechnen, die den Charakter des *Lernprojekts* nachhaltig verändern? Zum Beispiel Landschaftsgärtner oder Forstarbeiter, die plötzlich auf der Bildfläche erscheinen und ihre Arbeit partout nicht verschieben wollen?

❖ Produziert man etwa selbst Störungen, weil sich die Akteure »im Eifer des Gefechts« immer lautstärker gegenseitig anfeuern?

Ausrüstung und Material

Was Sie bei den einzelnen *Lernprojekten* an Ausrüstung und Material brauchen, finden Sie auf der ersten Seite der Beschreibung des jeweiligen Projekts.

Wenn Sie die nachfolgenden Dinge organisieren und in eine Kiste packen, können Sie alle *Lernprojekte* von Nummer 1 bis 10 und dazu noch viele andere, in diesem Buch nicht besprochene, durchführen:

❖ 2 Seile, Länge jeweils mindestens 10 m.
❖ Ein Stück Schnur.
❖ Ein Bambusstab, Länge circa 2 m.
❖ Eine Decke, cirka 2,00 m × 1,20 m.
❖ 3 kleine Bälle.
❖ 10 Teppichfliesen, zirka 20 cm × 30 cm.
❖ Eine Rolle Klebeband; Tafelkreide.
❖ 3 Wäscheklammern.
❖ Augenbinden (möglichst für alle Teilnehmer).
❖ Eine Armbanduhr mit Stoppfunktion.
❖ Kopien der Instruktionen als Spickzettel oder zur Ausgabe an die Akteure.
❖ Eventuell einige Klemmbretter für die Beobachter.
❖ Ein Erste-Hilfe-Set für »alle Fälle« (auch »Indoors« holt sich hin und wieder jemand einen Kratzer).

So sind Sie gerüstet für die *Lernprojekte* 1 bis 10.[1]

---

1 Beim *Lernprojekt* »Zweimal fünf Ecken« sollten Sie entweder längere Seile verwenden (die genaue Länge entnehmen Sie bitte der Beschreibung) oder Sie können damit leben, dass das Projekt etwas einfacher zu lösen ist.

Sicherheit

Keines der in diesem Buch vorgestellten *Lernprojekte* birgt besondere Gefahren in sich. Der verantwortliche Trainer sollte jedoch alle möglichen Risiken minimieren. Genauso wie beim Spazierengehen, Kochen oder Rasenmähen kann nie vollkommen ausgeschlossen werden, dass jemand geschädigt wird.

Folgende Punkte sollen die Sicherheit Ihrer *Lernprojekte* gewährleisten bzw. vor Schaden bewahren:

❖ Prüfen Sie den Ort des Geschehens genau, insbesondere, wenn Sie unter freiem Himmel arbeiten wollen!

❖ Nehmen Sie auch das Umfeld in Augenschein! … Glasscherben, Stacheldraht oder eine Forststraße sollten Sie nicht ignorieren.

❖ Fragen Sie am Anfang des Seminars nach körperlichen Einschränkungen bei den Teilnehmer: Sportverletzungen, chronische Leiden, Behinderungen …

❖ Informieren Sie alle Beteiligten möglichst im Schlussteil der Instruktion über etwaige Sicherheitsaspekte und die entsprechenden Verhaltensweisen.

❖ Lassen Sie sich von Beobachtern bei Sicherungsmaßnahmen unterstützen! Überprüfen Sie, ob sie diese auch wahrnehmen.

❖ Greifen Sie sofort ein, wenn Sie meinen, die Sicherheit der Beteiligten (und Nichtbeteiligten) ist nicht mehr gewährleistet.

❖ Achten Sie auch auf die psychische Sicherheit aller! Bedenken Sie, dass Sie hier als Trainer Verantwortung tragen.

❖ Auch die Natur- und Kulturlandschaft will geschützt sein! Bedenken Sie ökologische Aspekte. Fragen Sie im Zweifelsfall den Eigentümer, ob Sie eine Streuwiese betreten dürfen, bzw. den Förster, wenn Sie ein Wäldchen nutzen wollen.

❖ Führen Sie immer ein Erste-Hilfe-Set mit!

❖ Und schließlich: Teilen Sie Ihrer Berufshaftpflichtversicherung mit, dass Sie bei Ihren Seminaren und Workshops auch körper- und bewegungsbezogene Elemente einsetzen.

Übersicht der beschriebenen Auswertungsmethoden

- ❖ Fragenkatalog/Leitfragen:
  Stühle kippen, Schwebender Stab, Teppich falten, Von Insel zu Insel, Zweimal fünf Ecken, Triangel, Eins bis dreißig, Teamwork live!, Vehikelbau.
- ❖ Systemische Fragen:
  Seilschwingen, Teppich falten.
- ❖ Skalenbewertungen:
  Schwebender Stab, Von Insel zu Insel.
- ❖ Blitzlicht:
  Teppich falten.
- ❖ Prämissen infrage stellen:
  Fliegende Bälle.
- ❖ Aufstellen/Positionieren:
  Knoten knüpfen.
- ❖ Bilder malen:
  (Hindernislauf)
- ❖ Skulpturen bauen:
  Zweimal fünf Ecken.
- ❖ Feedback in Tandems:
  Ein Glas Wasser.
- ❖ Feedback-Runde:
  Eins bis dreißig.
- ❖ Topographische Skizze:
  Der Baum ist das Ziel.
- ❖ Reflektierendes Team:
  Teamwork *live!*
- ❖ Mikroebene – Makroebene:
  Vehikelbau.

Verhaltenstipps

❖ **Achten Sie auf den Rhythmus – vor allem auf Ihren eigenen!**
Vertrauen Sie im Zweifel Ihrem Gefühl mehr als dem Tagesplan auf dem Flipchart. Wenn Sie auch nur den vagen Eindruck haben, das vorgesehene Lernprojekt passt nicht zur Situation, zur Gruppe oder zur Dramaturgie, dann lassen Sie es weg – auch wenn Sie die Vorbereitung viel Zeit gekostet hat. Versetzen Sie sich, wann immer möglich, in die Lage der Seminar- oder Workshop-Teilnehmer: Es macht keinen Spaß, nach der Kaffeepause schon wieder mit Augenbinden umherzulaufen oder eine ähnlich strukturierte Aufgabe vorgesetzt zu bekommen. »Triangel« und »Teamwork *live!*« schließen sich beispielsweise gegenseitig aus, da die Rollen Steuerung, Koordination und Produktion ähnlich konstruiert sind.

Nehmen Sie grundsätzlich nur jene Projekte in Ihr Programm auf, die Sie als spannend und anregend einstufen. Nur weil der Tipp von einem Kollegen oder aus einem Buch eines renommierten Verlages stammt, muss das Projekt noch lange nicht für Sie passen.

❖ **Wechseln Sie Ihre Beobachtungsperspektiven ebenso wie Ihre Arbeitshypothesen!**
Der Vater der Gestalttherapie, Fritz Perls, hat mit provozierendem Unterton immer wieder betont, dass es ihn nicht interessiere, *was* sein Gegenüber sagt, sondern *wie* er etwas sagt. Auch wenn diese Aussage im ersten Moment etwas überspitzt klingt: Lassen wir uns durch sie anregen! Denn niemand ist davor gefeit, wie versessen jedes notierbare Wort auf sein Klemmbrett zu schreiben und darüber die Atmosphäre, den Ton, die Haltungen, die Gesten der Protagonisten zu vergessen.

Gehen Sie doch mal diametral an Ihr nächstes Lernprojekt: Lehnen Sie sich gedanklich zurück, wenn die Instruktion getan ist. Nehmen Sie den Gang raus, lassen Sie sich im Leerlauf treiben und schauen dann, was mit Ihnen passiert. Wahrscheinlich werden Sie überrascht sein, welche neuen, unbekannten Perspektiven sich öffnen, wenn Ihre Neuronen langsamer feuern.

❖ **Lassen Sie sich nicht von »Kenn ich schon!«-Sprüchen irritieren!**

Natürlich passiert es jedem Trainer irgendwann mal, dass eine Person oder gar eine Gruppe ein Lernprojekt bereits kennt, was häufig zur Folge hat, dass er mit ironischen Kommentaren traktiert wird. Wenn ich in diese – zugegeben etwas unglückliche – Lage gerate, versuche ich als Erstes, Genaueres über die Umstände zu erfahren. Gemeinsam mit der Gruppe kann dann entschieden werden, ob es sich trotzdem lohnt, ein vielleicht etwas modifiziertes Projekt oder Szenario in dieser Konstellation noch einmal zu absolvieren.

❖ **Trotzen Sie dem Materialfetischismus!**

Bei den meisten Seminaren und Workshops ist die Bandbreite an haptischen Erfahrungen eng begrenzt. Wenn allerdings *konstruktive Lernprojekte* zum Zuge kommen, gibt es jede Menge anzufassen: Seile, Bretter und Augenbinden werden in den Händen der Teilnehmer zu ungewöhnlichen Lernmitteln veredelt.

Verweigern Sie sich der nahe liegenden Verführung, von Mal zu Mal alles größer, bunter und perfekter gestalten zu wollen. Es besteht die Gefahr, dass das Material den Blick auf den Menschen verdrängt und – wie bei so manchem Outdoor-Training – selbst zum alles überstrahlenden Protagonisten wird.

❖ **Tauschen Sie immer mal wieder die Seiten!**

Wenn man immer nur auf der Moderatorenseite steht und nicht auf Erfahrungen als handelnder Akteur innerhalb von Lernprojekten zurückgreifen kann, besteht die Gefahr der Betriebsblindheit. Die Auswahl an Blickwinkeln ist limitiert, es fällt schwer, sich von den erprobten und tradierten Arbeitshypothesen zu lösen. Man ertappt sich dabei, schablonenhaft zu handeln.

Begegnen Sie dem Burn-out – gerade dann, wenn Sie Profi sind! Nutzen Sie die Gelegenheit, bei Trainerkollegen zu hospitieren, die handlungs- und erfahrungsorientiert arbeiten, besuchen Sie Kongresse, Workshops und vielleicht auch mal ein Train-the-Trainer-Seminar zum Themenkreis. Adressen von Anbietern, die Fortbildungen zu *konstruktiven Lernprojekten* veranstalten, finden Sie auf Seite 129.

Feedback-Regeln

❖ **Formulieren Sie Ihr Feedback konkret.**
Verallgemeinerungen und pauschale Aussagen verunsichern Ihr Gegen-über und helfen meist nicht weiter.

❖ **Äußern Sie sich subjektiv.**
Stellen Sie heraus, dass das alles »nur« Ihre eigenen Beobachtungen und Eindrücke sind. So fällt es dem Angesprochenen leichter, das Feedback an-zunehmen.

❖ **Geben Sie sowohl positives als auch negatives Feedback.**
Kritik kann dann am besten angenommen werden, wenn diese durch po-sitive Rückmeldungen flankiert wird.

❖ **Bleiben Sie immer konstruktiv.**
So vermeiden Sie, dass der Feedback-Nehmer »zumacht« oder zum Ge-genangriff bläst.

Fortbildungen

Welche Projekte wann eingesetzt werden, wie man sie moderiert und auswertet, das vermitteln unter anderen folgende Organisationen in Train-the-Trainer-Seminaren:

❖ changeFACTORY
Implerstraße 38
81371 München
Tel.: 089-767366-0, Fax: -10

❖ IHK Akademie München-Westerham
Von-Andrian-Str. 5; 83620 Feldkirchen-Westerham
Tel.: 08063-91-0, Fax -288

❖ k l i p
Aktiengesellschaft für Unternehmensberatung
Friedrich-Glück-Str. 20; 73614 Schorndorf
Tel.: 07181-9 78 33-0, Fax: -43

❖ Team- und Führungskräftetraining – Fortbildung
Monika Pietsch
Hermann-Ehlers-Allee 28; 30455 Hannover
Tel. u. Fax: 0511-47 14 30

Literaturempfehlungen

❖ *Kölsch, H./Wagner, F.-J.: Erlebnispädagogik in Aktion. Lernen im Handlungsfeld Natur. Neuwied 1998 (Luchterhand)*
Dieses Lehrbuch steht bei den Literaturtipps an erster Stelle, da es das vorliegende Buch hervorragend ergänzt. Neben natursportlichen Lernelementen werden so genannte Initiativübungen und Problemlösungsaufgaben vorgestellt. Sie alle eignen sich für Seminare und Workshops der Weiterbildung und sind vor allem kenntnisreich und detailliert beschrieben.

❖ *Gilsdorf, R./Kistner G.: Kooperative Abenteuerspiele. Seelze-Velber 1995 (Kallmeyer)*
Als »Praxishilfe für Schule und Jugendarbeit« konzipiert, lassen sich viele der Kooperationsaufgaben für Seminare und Workshops adaptieren, was allerdings etwas Übersetzungsarbeit erfordert. Die Autoren stellen eine große Zahl von Aufgaben in knapper, aber hinreichender Form vor.

❖ *Priest, S./Rohnke K.: 101 of the best Corporate Teambuildung Activities we know. Dubuque/Iowa (USA) 1995 (Kendall Hunt) ISBN 0-7872-6601-9*
Wer sich nicht vor englischsprachiger Literatur scheut, ist mit dieser Arbeitshilfe gut bedient. Rohnke und Priest sind zwei der weltweit renommiertesten Theoretiker und zugleich Praktiker auf dem Gebiet der Experiential Education (Handlungs- und erfahrungsorientierte Pädagogik) und berichten quasi aus dem »Nähkästchen«. Nicht weniger als 101 Teamaufgaben werden in klar strukturierter Form vorgestellt.

❖ *Gass, M.A.: Book of Metaphors. Volume II. Dubuque/Iowa (USA) 1995 (Kendall Hunt) ISBN 0-7872-0306-8*
Mit Akzent auf dem auch in diesem Buch beschriebenen metaphorischen Lernansatz hat Michael A. Gass Teamaufgaben für die Bereiche Schule, Weiterbildung und Therapie zusammengestellt. Die recht langen Texte erschweren zwar etwas die Übersicht; eine ausgezeichnete Fundgrube ist der Band indessen allemal.

❖ *Rumsey, R.A.: Not Just Games. Strategic Uses of Experiential Learning to Drive Business Results. Dubuque/Iowa (USA) 1996 (Kendall Hunt) ISBN 0-7872-1985-1*
Was die Experiential Education im Vergleich zu anderen Formen der betrieblichen Weiterbildung auszeichnet, klärt dieses schmale Bändchen. Sehr anschaulich wird dabei herausgearbeitet, wie sich die im deutschen Sprachraum »Outdoor-Training« genannte Methode (sic!) von den *Konstruktiven Lernprojekten* unterscheidet.

Literaturverzeichnis

Dewey, J.: Demokratie und Erziehung. Eine Einleitung in die philosophische Pädagogik. Weinheim und Basel 1993.

Gilsdorf, R./Kistner G.: Kooperative Abenteuerspiele. Seelze-Velber 1995.

Heckmair, B./Michl, W.: Erleben und Lernen. Einstieg in die Erlebnispädagogik. Neuwied/Kriftel/Berlin [3]1998.

Kölsch, H./Wagner, F.-J.: Erlebnispädagogik in Aktion. Lernen im Handlungsfeld Natur. Neuwied 1998.

Priest, S./Rohnke K.: 101 of the best Corporate Teambuildung Activities we know. Dubuque/Iowa (USA) 1995.

Reich, K.: Systemisch-konstruktivistische Pädagogik. Einführung einer interaktionistisch-konstruktivistischen Pädagogik. Neuwied/Kriftel/Berlin [2]1997.

Rumsey, R.A.: Not Just Games. Strategic Uses of Experiential Learning to Drive Business Results. Dubuque/Iowa (USA) 1996.

Senge, P.: Die fünfte Disziplin. Kunst und Praxis der lernenden Organisation. Stuttgart 1996.

Siebert, H.: Pädagogischer Konstruktivismus. Eine Bilanz der Konstruktivismusdiskussion für die Bildungspraxis. Neuwied/Kriftel 1999.